Através do Tabernáculo de Moisés

10 SESSÕES DE *COACHING* PARA UMA VIDA ABUNDANTE

Editora Appris Ltda.
1.ª Edição - Copyright© 2020 dos autores
Direitos de Edição Reservados à Editora Appris Ltda.

Nenhuma parte desta obra poderá ser utilizada indevidamente, sem estar de acordo com a Lei n° 9.610/98. Se incorreções forem encontradas, serão de exclusiva responsabilidade de seus organizadores. Foi realizado o Depósito Legal na Fundação Biblioteca Nacional, de acordo com as Leis nos 10.994, de 14/12/2004, e 12.192, de 14/01/2010.

Catalogação na Fonte
Elaborado por: Josefina A. S. Guedes
Bibliotecária CRB 9/870

M528a
2020

Melo, Ricardo Magno
Através do tabernáculo de Moisés: 10 sessões de coaching para uma vida abundante / Ricardo Magno Melo. - 1. ed. – Curitiba: Appris, 2020.
225 p. ; 21 cm.

Inclui bibliografias
ISBN 978-65-5523-385-8

1. Aconselhamento. 2. Comportamento de ajuda. 3. Autorrealização.
I. Título. II. Série.

CDD – 158.1

Livro de acordo com a normalização técnica da ABNT

Editora e Livraria Appris Ltda.
Av. Manoel Ribas, 2265 – Mercês
Curitiba/PR – CEP: 80810-002
Tel. (41) 3156 - 4731
www.editoraappris.com.br

Printed in Brazil
Impresso no Brasil

Magno Melo

Através do Tabernáculo de Moisés
10 SESSÕES DE *COACHING* PARA UMA VIDA ABUNDANTE

FICHA TÉCNICA

EDITORIAL	Augusto V. de A. Coelho
	Marli Caetano
	Sara C. de Andrade Coelho
COMITÊ EDITORIAL	Andréa Barbosa Gouveia (UFPR)
	Jacques de Lima Ferreira (UP)
	Marilda Aparecida Behrens (PUCPR)
	Ana El Achkar (UNIVERSO/RJ)
	Conrado Moreira Mendes (PUC-MG)
	Eliete Correia dos Santos (UEPB)
	Fabiano Santos (UERJ/IESP)
	Francinete Fernandes de Sousa (UEPB)
	Francisco Carlos Duarte (PUCPR)
	Francisco de Assis (Fiam-Faam, SP, Brasil)
	Juliana Reichert Assunção Tonelli (UEL)
	Maria Aparecida Barbosa (USP)
	Maria Helena Zamora (PUC-Rio)
	Maria Margarida de Andrade (Umack)
	Roque Ismael da Costa Güllich (UFFS)
	Toni Reis (UFPR)
	Valdomiro de Oliveira (UFPR)
	Valério Brusamolin (IFPR)
ASSESSORIA EDITORIAL	Lucas Casarini
REVISÃO	Alana Cabral
PRODUÇÃO EDITORIAL	Bruno Ferreira Nascimento
DIAGRAMAÇÃO	Daniela Baumguertner
CAPA	Daniela Baumguertner
COMUNICAÇÃO	Carlos Eduardo Pereira
	Débora Nazário
	Kananda Ferreira
	Karla Pipolo Olegário
LIVRARIAS E EVENTOS	Estevão Misael
GERÊNCIA DE FINANÇAS	Selma Maria Fernandes do Valle
COORDENADORA COMERCIAL	Silvana Vicente

*Eu vim para que tenham vida
e a tenham em abundância.*

(Jesus Cristo de Nazaré)

AGRADECIMENTOS

Há muitas pessoas a quem devo agradecer!

Registro meus agradecimentos a todos os escritores que resolveram colocar no papel suas ideias e descobertas para compartilhar com os demais. Essa atitude faz com que em nossas mãos cheguem as melhores literaturas para nosso aperfeiçoamento. Por causa desses livros, conheci as áreas disfuncionais em minha vida, tive meu desejo de tratá-las despertado, e oportunamente trabalhei com as sugestões desses proeminentes seres humanos para alcançar o melhor em mim. Sigo nessa caminhada. Eles me inspiraram a escrever este livro para que eu também possa contribuir com outros. Em ordem alfabética, agradeço a Dr.ª Amy Cuddy, Dr. Augusto Jorge Cury, Devi Titus, Dr. Paul Ekman, PhD Paulo Vieira, Dr. Rick Warren, Ms. Shawn Achor, Dr. Stephen R. Covey e a Apóstola Dr.ª Valnice Milhomens Coelho. Alguns deles tive o privilégio de conhecer pessoalmente.

Agradeço a todos aqueles que leram e contribuíram com este livro, enquanto eu o escrevia, às vezes, lendo-o a cada capítulo que era concluído. São eles, minha *master training* em *coaching,* Margarida Lima, minha irmã, Sandra Beatriz, meu colega professor André Gustavo, que fez a revisão do texto.

O *coach* Ronaldo Lopes, mais conhecido como professor GG, uma vez me disse que enquanto eu passava pelo tratamento de minhas áreas disfuncionais, eu me assemelhava com alguém que tinha tomado uma grosa em mãos e se autolapidava. É dolorido, posso dizer, mas o fim é melhor do que o começo. Aprendi que é mais importante como terminamos a caminhada do que como a começamos. A GG, o meu muito obrigado por ter me apresentado o processo de *coaching.*

A minha esposa, Alda, foi a maior incentivadora desse meu processo de mudança e aperfeiçoamento. Com seu apoio, investi meu tempo em estudar e realizar os exercícios de *coaching* para mim mesmo, além de regar esse aprendizado com oração e leitura da Palavra de Deus. À Alda, meu mais afetuoso agradecimento. Sobretudo, agradeço a meu Deus, YHWH[1], aquele que idealizou a minha existência para viver uma vida abundante, meu Salvador e Pastor de minha alma, meu Soberano Senhor, que não se ausenta do Trono e, que em sua economia divina, não nos permite experiências desnecessárias. A Ele seja dada toda honra e toda glória.

---

[1] O tetragrama YHWH é a transliteração hebraica em letras latinas do nome de Deus, usado na Bíblia Hebraica. O tetragrama aparece 6.828 vezes no Velho Testamento. Com o tempo, por receio de pronunciar o nome de Deus em vão, substituíram o nome de Deus nas Escrituras por uma característica, a saber, Senhor (gr. Kyrios; hb. Adonai), o que Ele é de fato, no entanto, o nome expressa tudo quanto alguém é e uma única característica, por isso faço menção do nome YHWH.

PREFÁCIO

Durante muitos treinamentos que dei de formação em *coaching*, conheci vários líderes, em especial, os cristãos que frequentemente buscavam respaldo bíblico para o fundamento do *coaching*. Isso se dava principalmente depois de cada exercício VAS (Visão, Audição e Sensações), quando observavam a mudança imediata da pessoa depois de passar pelas ferramentas. Conheci o Magno num desses treinamentos em Brasília. Dono de um conhecimento fenomenal sobre a Palavra (Bíblia), ele já se mostrou muito interessado em criar um caminho que trouxesse Deus e seus Princípios (única forma de ter vida abundante) para os princípios do *coaching*. Tanto estudou, tanto fez, que acabou trazendo para nossas mãos esta obra extraordinária.

O livro muitíssimo atual faz um paralelo entre o *coaching* e a Bíblia. Poderia dizer, sem sombra de dúvidas, que o autor contempla nesta obra o ser humano na íntegra: Espírito, mente e corpo.

É inegável a presença da FÉ em todos os contextos abordados pelo autor e nada fez tanto sentido para mim, que atuo com o *coaching* dentro dos princípios cristãos. Exemplificando: no *coaching*, o principal foco é no objetivo – visualizado por meio dos exercícios e de metas bem traçadas. Aponta para o futuro, para uma visão positiva. Na Bíblia, a fé é tida como principal fonte para o abrir-se de Deus. Para seu agrado. Aponta também para o futuro para a criação da realidade mediante os sentidos.

Já no início, a história de Abraão, o pai da fé, deixa bem clara a consciência do autor entre a ferramenta do homem – o *coaching* – e a ferramenta de Deus: a fé. Continuando a fazer paralelos, vemos no capítulo dois os sonhos e a "tarefa", que é parte imprescindível do processo de *coaching* com a construção do tabernáculo.

Deleite-se o leitor por meio das gravuras e dos exercícios, que trazem o livro para o dia a dia. O cuidado em deixar tudo muito bem alinhado vem pelas 10 sessões – uma em cada capítulo – sendo que as duas últimas tratam da chegada ao Estado desejado, ou seja, o Objetivo.

Aprendizado imprescindível para os profissionais de *coaching* e uma leitura obrigatória para aqueles que desejam uma vida sistêmica abundante, aprendendo ainda mais sobre Deus e sobre o homem. A neurociência também é percebida por meio de uma didática simples e eficaz também para os leigos, como se pode ler neste trecho:

> Usando de uma metáfora, vamos imaginar que um caminho neural recém-estabelecido por um sentimento de inadequação é uma estrada de terra. Se esse sentimento perdurar e se repetir, esse caminho será asfaltado. Infelizmente a mesma situação que levou a essa pessoa a se sentir inadequada se repete várias vezes, contribuindo para aquela estrada virar uma pavimentação de duas pistas, três pistas, quatro pistas. Toda sinapse estabelecida, esse circuito neural formado, torna-se uma crença na vida da pessoa.

Os personagens que figuram no livro – Abraão, Moisés, Davi, Jonas, entre outros – além do ensino para a vida, trazem também uma grande possiblidade de modelagem.

Enfim, quero ressaltar o privilégio de fazer esta pequena parte de uma obra que me ensinou tanto de Deus, na pele de homem. Desejo que você sinta o misto de emoções que senti, quando peguei pela primeira vez na mão: Esperança, amor e alegria.

Fique com uma excelente leitura e boa vida!

Margo Rahhal.

ABREVIATURAS

ARA	BÍBLIA ALMEIDA REVISTA E ATUALIZADA
BKJ FIEL	BÍBLIA DE ESTUDOS KING JAMES 1611
NVI	BÍBLIA NOVA VERSÃO INTERNACIONAL

SUMÁRIO

INTRODUÇÃO 15

1
INTRODUÇÃO AO *COACHING* 19

2
SESSÃO 1
VISÃO GERAL DO TABERNÁCULO 35

3
SESSÃO 2
PASSANDO PELO CAMINHO 49

4
SESSÃO 3
SEPULTAMENTO 71

5
SESSÃO 4
AFINANDO O INSTRUMENTO 85

6
SESSÃO 5
A TENDA DA CONGREGAÇÃO 103

7
SESSÃO 6

ALIMENTANDO 123

8
SESSÃO 7

A LUZ DA MENORÁ 141

9
SESSÃO 8

APRESENTANDO SUAS ORAÇÕES 161

10
SESSÃO 9

PASSANDO PELA VIDA 173

11
SESSÃO 10

DIANTE DA SHEKINÁ 191

12
VIDA ABUNDANTE 207

REFERÊNCIAS 225

INTRODUÇÃO

"Uma jornada de mil quilômetros começa com o primeiro passo."

Provérbio Popular

O homem é um ser munido de espírito feito à imagem e à semelhança de Deus, possui uma alma, que abrange sua vida intelectual, emocional (sentimento) e volitiva (vontade) e habita num corpo terreno, que o permite viver no mundo físico. Essas áreas estão interligadas afetando umas às outras, tanto para melhor quanto para pior. Exemplificando essa influência, imagine alguém cuja área da saúde está afetada. É possível que outras áreas sejam abaladas, tais como a emocional, a de relacionamento familiar, a financeira e até mesmo a espiritual.

Aquilo que está disfuncional na vida deve e merece ser tratado. Chamo aqui de disfuncional aquilo que não está abundante. Quando algo não é funcional na vida ele se manifesta como o som de uma estação de rádio que foi mal sintonizada. Há muitos ruídos e perdas. Muito do que é transmitido é mal compreendido. Perde a função.

O ideal é ter um aparelho de rádio que sintoniza bem todas as estações, que não importa a intensidade de volume colocada, recebendo as ondas sonoras, recodificam-nas em sons de forma límpida e libera esses mesmos sons em forma de palavras que serão bem compreendidas por aquele que ouve. Nós somos o aparelho de rádio, as ondas sonoras são as informações que recebemos daquilo que nos cerca, a nossa recodificação e liberação depende de nossos filtros, ou melhor, de nossos princípios, valores, foco, estados emocionais e experiências vividas, entre outros.

Se algo não está bem sintonizado na vida, a recodificação e liberação não estão a contento, algo precisa e pode ser feito, e o *coaching* é uma excelente oportunidade para ajustar a recodificação e a liberação "dos sons".

O *coaching* é a arte de fazer perguntas que trazem reflexões de vida ao ponto de gerar ímpeto de mudança contínua no comportamento e na forma de pensar, ou seja, melhoramento (jp: *kaizen*) do que já está bom, adequação do que precisa ser transformado e eliminação daquilo que o prejudica (tóxico, inadequado).

O valor do processo de *coaching* está em instigar o ajuste daquilo que está disfuncional na vida, já percebido ou não, auxiliando na organização do planejamento de ações do processo de ajuste, atuando no campo da vontade, da razão e das emoções, ou seja, na alma.

O que será escolhido como alvo de mudança e as ações efetivas para que ela aconteça dependem, exclusivamente, do *coachee*, de sua vontade, de suas escolhas, baseado em seus princípios e valores pessoais. O *coach* (profissional) não pode interferir nesse aspecto, fazendo imposições ou escolhas pelo *coachee* (cliente). O *coach* faz perguntas, não toma decisões pelo cliente e nem realiza ações por ele.

Como este livro está em suas mãos nesse momento, muito provavelmente você crê na melhoria contínua de todos os aspectos que envolvem a vida do homem e está disposto a mudar para conquistar seus alvos, fazer de seus sonhos uma realidade. Ao fazer os exercícios propostos poderá perceber, facilmente, a eficácia e o leque de possibilidades que esse processo tem.

Como mencionado, o processo de *coaching* trabalha por meio das funções almáticas, portanto, tem suas limitações como a medicina e a psicologia também os têm. Gostaria de intensificar seus resultados durante o processo de *coaching*? Permita-me compartilhar que, se investir tempo em oração e deixar que a Palavra o fortaleça e transforme, seus resultados serão potencializados sobremaneira. Ore por sabedoria em momentos de decisões e de adversidades, bem como para saber qual sonho se dedicar nestas próximas semanas. A sabedoria que vem por revelação dada por Deus, claro, é muito mais profunda, e temos vários exemplos de sucesso de pessoas que tiveram seus propósitos de vida e formas de viver transformados depois que pedirem sabedoria a Deus, tais como Moisés durante a travessia do povo hebreu para a terra prometida e o profeta Daniel quando estava sob uma sentença de morte (Dn 2:5.12).

Este livro foi elaborado para que seja lido de uma forma bem singular, exatamente um capítulo por semana. Sendo assim, você já pode estabelecer em sua agenda, para as próximas semanas, um horário específico reservado para a leitura e execução dos seus exercícios de *coaching*. Não seria o mesmo compromisso se fosse encontros pessoais? Aqui se tem a vantagem de fazê-lo no horário e no ambiente que melhor se ajusta à sua realidade. Portanto, reserve logo o horário e se dê esse tempo.

O tempo, no processo de *coaching*, é um bem muitíssimo precioso e tenho certeza de que você deseja tirar o maior benefício possível desta leitura e dos exercícios que encontrará. É mister que se façam os exercícios do capítulo na mesma semana em que o capítulo foi lido, ou mesmo no próprio dia da leitura para que se tenha um maior aproveitamento. A importância de se trabalhar apenas um capítulo por semana é que os exercícios de *coaching* precisam ser espaçados, e sete dias é o tempo ideal para realizá-los e revê-los para executar alterações desejadas, incluindo reler parte ou todo o capítulo para seu aprimoramento.

Assim como no processo de *coaching* frente a frente com um *coach*, o resultado é gerado pelo *coachee* à medida que se esforça e se compromete com o processo. Por ser importante, repito, ao se dispor em obter resultados de alta performance em sua vida, seu compromisso, caro leitor, consiste na realização das tarefas e da observância de ler exatamente um capítulo toda semana. Ao longo das semanas você perceberá quais áreas você tem tido resultados e, como um timoneiro escolhe a direção para onde vai o navio impelido pelos fortes ventos, está em suas mãos a escolha de onde focará seu progresso. Sugiro que inclua momentos de oração nessa escolha, o guiar de Deus pode e vai te surpreender!

    É feliz aquele que entende que não importa a qual patamar chegou em cada área de sua vida, sempre haverá lugar para crescimento. Após a leitura e realização dos exercícios de *coaching*, prossiga; seu esforço contínuo e comprometimento são as chaves do processo de mudança com resultados positivos e perenes e valerão a pena.

    Meu desejo é que você tenha uma vida abundante.

    Boa jornada!

Magno Melo

INTRODUÇÃO AO *COACHING*

> *"Escreve a visão, e faça-a bem legível sobre tábuas, para que a possa ler quem passa correndo."*
>
> Habacuque 2.2

CONVERSA COM O LEITOR

BREVE HISTÓRIA DO *COACHING*

A fundação do Reino da Hungria data do ano 1000 d.C. e uma de suas cidades no centro norte do país, Kocs (foneticamente é kotʃ), ficou conhecida, no século XV, pela construção de veículos puxados por cavalos (Kocsi Szekér) com suspenção melhores do que as antigas carruagens, tornando-as mais rápidas, leves e possíveis de variação. Ao longo das décadas, essas carruagens de

Kocs se tornaram populares na Europa e a pronúncia do nome da cidade deu origem à palavra inglesa *coach*, e a todos os equivalentes em diversas línguas europeias. A função primária de um *kocsi* é conduzir seus passageiros de um lugar para outro.

Em meados do século XIX, as universidades da Inglaterra utilizavam o termo *coach* para designar os tutores que ajudavam os alunos e um século depois, nos EUA, a palavra *coach* passou a designar o treinador de atletas e a palavra *coaching* foi utilizada na área de negócios para gerenciamento de pessoas.

Na década de 1960 foi lançado o *life coaching* como um programa educacional em Nova York. Esse programa foi aperfeiçoado no Canadá com a introdução de técnicas e ferramentas de resolução de conflitos. Na década de 1970, mesma época em que o processo de *coaching* chegou ao Brasil, W. Timothy Gallwey, formado em Literatura em Harvard, foi capitão da equipe de tênis e disseminou o método que chamou de "o jogo interior", mostrando que o esportista podia melhorar seu desempenho rompendo suas próprias limitações e fraquezas.

As técnicas de *coaching* se desenvolveram e surgiu, na década de 1980, o *executive coaching* a fim de favorecer o desenvolvimento pessoal e profissional dos CEOs das empresas.

Na década de 1990, um novo conceito de *life coaching* se desenvolve a partir do mundo *business,* para melhorar a vida das pessoas em geral, não mais apenas nas áreas acadêmica, esportiva e profissional, inclui agora todos os possíveis âmbitos da vida humana. Apoiados pelos resultados das pesquisas em neurociência, desde essa época até hoje, dois grandes influenciadores dessa evolução no conceito de *life coaching* são Anthony Robbins e John Withmore, cujos trabalhos têm aperfeiçoado o processo de *coaching*.

O PROPÓSITO DO *COACHING*

Há diversas variações do *coaching*, para empresas, negócios, vida pessoal, alta performance esportiva, saúde, vida matrimonial, vida acadêmica, entre outras. Indiferentemente da aplicação, o propósito do processo de *coaching* é sempre o mesmo, a alta performance, sair de um estágio inicial para um outro desejado no menor tempo possível. O condutor do processo é o *coach* e o conduzido no processo é o cliente que é chamado de *coachee*. O *coachee* expõe quais são os seus sonhos e decide quais sonhos serão colocados como metas no processo e o *coach*, por sua vez, utilizando diversas ferramentas de *coaching*, auxiliará o *coachee* no alcance das metas.

Os benefícios para o *coachee* são diversos, há melhora na autoconfiança, nos relacionamentos, na qualidade de vida, na performance acadêmica e profissional, traz clareza de metas, é ajudado na construção de planos de ação para conquista de suas metas, previne stress e vida ansiosa, entre outros benefícios. De início, algo deve ficar bastante claro, o alcance dos benefícios depende muito mais do *coachee* do que do *coach*. Se o *coachee* não tiver compromisso com sua própria meta, pouco importarão as técnicas do processo de *coaching* e o tempo a ela dedicado. Para grandes resultados o *coachee* deve ter foco nas metas, imersão no processo e compromisso na realização das tarefas.

É conhecido, historicamente, que pessoas que passaram pelo processo de *coaching* alcançaram os resultados desejados em suas carreiras e, ao mesmo tempo, perderam sua saúde ou suas famílias. Nesses casos, faltou um importante equilíbrio entre as várias áreas da vida humana. O processo aqui sugerido leva em conta que o *coachee* é alguém integral e sistêmico, ou seja, todas as partes da vida humana estão interligadas e não se deve favorecer uma delas em detrimento da outra ainda que se deseje a alta performance em uma área específica. Evite o desequilíbrio entre as diversas áreas de sua vida leitor.

TUDO COMEÇA COM OS SONHOS

Ao longo da vida, criam-se na mente e no coração diversos sonhos. Influenciados por visões internas e ânsia por fazerem a diferença, homens invadidos por sonhos que os consumiam romperam culturas e métodos, mudaram de cidades e até mesmo de países, criaram oportunidades quando estas não existiam, alteraram a tecnologia da sua época, influenciaram outras pessoas, criaram objetos, comércios e indústrias, alteraram o curso da história, fizeram de sua visão uma realidade.

No *coaching* todo o processo começa a partir dos sonhos do *coachee*. É prazeroso refletir sobre os sonhos mais íntimos e falar sobre eles com detalhes de cores, cheiros, movimentos, sons, datas e emoção. Deve-se resgatar todos os sonhos, incluindo os da tenra infância, principalmente aqueles que colocam nosso interior em um estado de terno conforto, mesmo que há muito esquecido e abandonado.

Para sonhar não se paga nada, não é verdade? Então se permita sonhar alto, pois deixar de sonhar custa caro. A vida sem sonhos é uma vida sem propósito, sem realizações ou rumo, sem a felicidade que enriquece. Ela arranha nosso interior, retira o sorriso do rosto, traz a angústia de viver apenas um dia após o outro e um olhar que não se ergue para ver as belezas do que é estar vivo. Você já viveu dias assim?

O sonho é o início da vida abundante, da vida plena. O sonho é uma linguagem. O sonho é uma visão interior que nos faz desejar prosseguir. Ao erguer os olhos e contemplar o sonho, vê-se sorriso, paz, alegria e esperança. Quem sonha inicia a jornada da conquista, da realização, da satisfação, da construção da sua própria estrada de sucesso. É precisamente isso que se quer viver, não é verdade?

UM SONHO VINDO DO CORAÇÃO DE DEUS

Além dos desejos dos homens, existem aqueles que são transmitidos ao coração e à mente pela Pessoa de Deus. Certamente a História foi alterada porque um homem disse sim ao sonho que Deus lhe colocou no coração há quatro milênios.

Ur, uma importante cidade ao sul da Mesopotâmia, localizada junto à foz do Rio Eufrates, era de grande importância econômica devido à sua terra fértil para a agricultura. Por volta de 2000 a.C., Ur era considerada a maior cidade do mundo, com cerca de sessenta e cinco mil habitantes e, dentre eles, vivia Tera, pai de três filhos, Abrão, Naor e Harã. Abrão tomou por esposa a Sarai, que não lhe dera filhos, e Naor casou-se com Milca, filha de seu falecido irmão Harã. Milca tinha um irmão chamado Ló.

Naquela época muitos clãs migravam para uma região conhecida como Crescente Fértil. Influenciado por Abrão, que desejava andar com o Deus de seu antepassado Sem, filho de Noé, Tera deixa a cidade de Ur, a guardadora do templo de Nanna, a divindade lunar suméria, cujo templo fora construído um século antes. A intenção de Tera e Abrão, que viajavam com Ló, era chegar a Canaã. Inicialmente foram para o norte da Mesopotâmia, junto às margens do rio Balique, um afluente do rio Eufrates, a quase mil quilômetros de sua terra natal. Tera, Abrão, Sarai e Ló estabeleceram-se numa cidade chamada Harã. Todos lá permaneceram até a morte de Tera, cerca de cinco anos depois.

Apesar da perda de seu pai, o sonho de Abrão não morreu. Após esse ocorrido, Deus fala com Abrão, já com 75 anos de idade, como registrado em Gênesis 12, versículos 1 a 3.

"Ora, o SENHOR havia dito a Abrão: Sai-te do teu país, e da tua parentela, e da casa de teu pai, para uma terra que eu te mostrarei.

E eu farei de ti uma grande nação, e eu te abençoarei, e farei teu nome grande; e tu serás uma bênção.

E eu abençoarei os que te abençoarem e amaldiçoarei os que te amaldiçoarem, e em ti todas as famílias da terra serão abençoadas". [2]

Abrão e Sarai, que não tinham filhos, agora iriam sonhar em ser uma grande nação, numa terra que nem mesmo conheciam, mas isso não lhes importava. Dirigidos por Deus, seriam abençoados e o nome de Abrão seria grande. Nessa época sua família já era próspera, tinha fazenda e servos, e movimentar tantas pessoas e gado poderia ser uma dificuldade muito grande, contudo essa situação não representou algo que atrapalhasse o prosseguimento de sua caminhada, ao contrário, em obediência imediata partiram em direção a Canaã levando seus pertences, sempre acompanhados pelo sobrinho Ló.

Quando chegaram a Canaã, Abrão passou a conhecer a terra, como nômade peregrinou algum tempo por ali e de Deus recebeu mais uma promessa (Gn 12.7a).

"E o SENHOR apareceu a Abrão e disse: À TUA SEMENTE EU DAREI ESTA TERRA".

Dois sonhos foram colocados no coração e na mente do patriarca Abrão, uma descendência e a terra para essa descendência. Deus também tinha um sonho e um propósito com tudo isso, formar um povo para Si, que vivesse em Sua presença, bem diferente da sociedade que Abrão conhecera nos seus primeiros anos de vida.

Não houve descendência para Abrão durante alguns anos, sua mulher Sarai não lhe dera filho algum. Havia prosperidade, mas os seus sonhos mais desejados não tinham se tornado realidade. O que Abrão não percebeu é que havia um impedimento para o cumprimento da promessa de Deus para a sua vida: a

---

[2] Todas as citações bíblicas são da Bíblia de Estudo King James – 1611 Fiel, 1ª edição. 2018, da BV Books Editora, exceto quando se menciona o contrário.

obediência de Abrão não tinha sido total. Deus ordenara que Abrão se apartasse de sua parentela, mas levou o sobrinho Ló consigo, para a terra de Canaã. Quantas vezes pequenas coisas são o impedimento para se alcançar a plenitude! Em breve, Abrão viria a conhecer o Deus que não se ausenta do trono cujos planos não são frustrados (Gn 13.5-12).

> *"E Ló também, que foi com Abrão, tinha rebanhos, e gado e tendas. E a terra não foi capaz de comportá-los, para que eles pudessem habitar juntos. Porque eram muitos os seus bens, de modo que não puderam habitar juntos.*
>
> *E houve contenda entre os pastores do gado de Abrão e os pastores do gado de Ló, e os cananeus e os ferezeus habitavam na terra nesse tempo.*
>
> *E Abrão disse a Ló: Que não haja contenda, eu te suplico, entre mim e ti, e entre meus pastores e teus pastores, pois somos irmãos. Não está a terra toda diante de ti? Suplico-te que te apartes de mim. Se tomares a esquerda, então eu irei para a direita. Se te apartares para a direita, então eu irei para a esquerda. E Ló levantou os olhos, e viu toda a planície do Jordão, que era bem regada em todo lugar, antes do SENHOR ter destruído Sodoma e Gomorra, como o jardim do SENHOR, como a terra do Egito, quando se entra em Zoar. Então, Ló escolheu para si toda a planície do Jordão, e Ló viajou para o leste, e ELES SE APARTARAM UM DO OUTRO. Abrão habitou na terra de Canaã, e Ló habitou nas cidades da planície, e armou sua tenda em direção a Sodoma".*

Sem o impedimento, Deus reafirma sua promessa a Abraão (Gn 13.14-17).

> *"E o SENHOR disse a Abrão, DEPOIS QUE LÓ SE APARTOU DELE: Eleva agora os teus olhos, e olha do lugar em que estás para o norte, e para o sul, e para o leste, e para o oeste. Porque TODA A TERRA QUE*

VÊS, para sempre EU TE DAREI, E À TUA SEMENTE. E eu farei a tua semente como o pó da terra, de modo que se um homem puder contar o pó da terra, então também a tua semente será contada. Levanta-te, caminha pela terra no seu comprimento e na sua largura, pois a ti eu a darei".

Abrão, agora renovado, pode de novo sonhar.

ESCREVENDO SUA LISTA DE SONHOS

O preâmbulo do *coaching* é a lista de sonhos. Aquele que anseia por uma vida abundante deve ter clareza sobre seus sonhos. A seguir, tem-se a oportunidade de se fazer uma primeira lista, ainda que limitada e simples.

Não se incomode com a ordem de importância dos sonhos, nem mesmo com a cronologia em que serão realizados, a única coisa que importa agora é escrevê-los. Busque escrever sonhos de diversas áreas da vida, inclusive os de infância que foram abandonados e também aqueles que você percebe que Deus tem colocado em seu coração. Escreva, mesmo que o sonho lhe pareça muito absurdo ou demasiadamente difícil de ser conquistado.

Há, a seguir, espaço para 12 sonhos, e se desejar, coloque mais, escreva o quanto quiser. Apenas não escreva sonhos que outros é que deverão realizar. Restrinja-se aos seus sonhos, que estarão sob o seu controle na hora de realizá-los.

Sonho 1

_____

_____

_____

_____

_____

Sonho 2

_____
_____
_____
_____

Sonho 3

_____
_____
_____
_____

Sonho 4

_____
_____
_____
_____

Sonho 5

_____
_____
_____
_____

Sonho 6

___

Sonho 7

___

Sonho 8

___

Sonho 9

___

Sonho 10

_____

_____

_____

_____

Sonho 11

_____

_____

_____

_____

Sonho 12

_____

_____

_____

_____

O SONHO FICA DIANTE DOS SEUS OLHOS

Embora a promessa de Deus tenha sido reafirmada, com 85 anos de idade Abrão continuava sem filhos e pensava que seu mordomo Eliézer seria o seu herdeiro (Gn 15.2-3).
Voltando ao texto Gn 13.14-17, observe o destaque.

"E o SENHOR disse a Abrão, depois que Ló se apartou dele: ELEVA AGORA OS TEUS OLHOS, E OLHA DO LUGAR EM QUE ESTÁS PARA O NORTE, E PARA

O SUL, E PARA O LESTE, E PARA O OESTE. Porque toda a terra que vês, para sempre eu te darei, e à tua semente. E eu farei a tua semente como o pó da terra, de modo que se um homem puder contar o pó da terra, então também a tua semente será contada. LEVANTA-TE, CAMINHA PELA TERRA no seu comprimento e na sua largura, pois a ti eu a darei".

Abrão recebera instruções claras para CONTEMPLAR desde onde estava (seu estado atual) até onde Deus lhe havia prometido (estado desejado). Fez mais, o instruiu a PERCORRER a terra. De uma maneira bastante prática, pode-se dizer que se se deseja que um sonho venha a se tornar realidade, deve-se antevê-lo, cheirá-lo, saboreá-lo, vivê-lo com toda a intensidade da imaginação. Em exemplos bem corriqueiros, aquele que sonha em possuir um certo bem, seja casa ou carro, deve ir a imobiliárias (ou concessionárias, conforme o caso), colecionar imagens do que se almeja, fazer *test drive*, levantar todo tipo de informação que se tem sobre o alvo do sonho e o que se necessita para conquistá-lo. Isso é contemplar e percorrer a terra.

Mesmo assim, o coração de Abrão abrigou incertezas e temia por ser Eliézer o seu herdeiro. Deus reforçou a necessidade de manter os olhos nos sonhos para a conquista deles e presenteou Abrão com duas estratégias. A primeira estratégia foi dar a Abrão uma imagem metafórica do sonho. Lê-se em Gn 15.5:

"Olha agora para o céu, e conta as estrelas, se tu fores capaz de contá-las; e lhe disse: Assim será a tua semente".

Todas as noites Abrão e Sarai podiam tentar contar as estrelas e reviver a promessa de Deus. Viam, em cada estrela, um descendente. Podiam até brincar dando nomes de pessoas às estrelas, dizendo que eram nomes dos seus descendentes. Isso daria mais firmeza a seus corações. E durante o dia, em que Abrão podia se agarrar? Na mesma visão que tinha à noite, pois na região onde moravam o comum era as habitações em tendas, cujos tecidos que serviam de cobertura tinham uma cor escura. Após uma refeição, sob o sol forte, Abrão e Sarai podiam se deitar sob a tenda. Ao olharem para cima veriam um tecido da cor do céu da noite, mas por entre os poros do tecido veriam pontos luminosos devido ao forte sol, e esses pontos lembrariam as estrelas.

A segunda estratégia foi trazer Abrão para uma aliança com Ele mesmo, o Deus criador, e mudar o seu nome para Abraão, que significa "Pai de multidões" (Gn 17.1-8). Isso significa que o sonhador precisa se ver dentro do sonho, deve estar completamente identificado com ele, em congruência com seus ideais e valores.

"E quando Abrão era da idade de noventa e nove anos, o Senhor apareceu a Abrão, e lhe disse: Eu sou o Deus Todo-Poderoso; anda diante de mim, e sê perfeito.

E eu farei o meu pacto entre mim e ti, e multiplicar-te-ei excessivamente.

E Abrão caiu por sobre a sua face, e Deus falou com ele, dizendo:

Quanto a mim, eis que o meu pacto é contigo, e tu serás um pai de muitas nações.

O TEU NOME NÃO SE CHAMARÁ MAIS ABRÃO, MAS O TEU NOME SERÁ ABRAÃO; POIS PAI DE MUITAS NAÇÕES EU TE FIZ.

E eu te farei extremamente fértil, e farei nações de ti, e reis sairão de ti. E eu estabelecerei o meu pacto entre mim e ti, e tua semente depois de ti nas suas gerações, para um pacto eterno, para ser um Deus pra ti, e para a tua semente depois de ti. E eu darei a ti, e para a tua semente depois de ti, a terra em que és estrangeiro, toda a terra de Canaã, para possessão eterna, e eu serei o seu Deus".

Como auxílio do processo, Deus muda o nome de Sarai para Sara (mãe de multidões), conforme se lê em Gn 17.15-16:

> *"E Deus disse a Abraão: Quanto a Sarai, tua esposa, NÃO CHAMARÁS SEU NOME SARAI, MAS SARA SERÁ O SEU NOME. E eu a abençoarei, e te darei também um filho dela; e a abençoarei, e ela será uma mãe de nações; reis de povos virão dela".*

A mudança do nome de cada um é um marco na vida do casal, causou profundo impacto neles. Por um ano, mesmo sem filhos, Abraão, ao chamar sua esposa que estava ao longe gritava "mãe de multidões" e ela respondia "diga pai de multidões". Seus servos e amigos deviam pensar que ambos estavam perdendo a razão pela avançada idade, pois Sara estava com quase 90 anos e Abraão com quase 100 anos. Como a experiência com YHWH os tinha impactado, e estavam aliançados com Deus e interiormente firmes, não se importaram com o que achavam deles, prosseguiram para a conquista de seus sonhos. Como é de se esperar para aquele que foca com perseverança em seu sonho, um filho para esse distinto casal nasceu, e foi-lhe dado o nome de Isaque. Iniciou-se a genealogia daquele que teria por descendentes reis, sacerdotes e profetas e, por que não mencionar, daquele que seria o Messias.

COLOCANDO A ESTRATÉGIA EM PRÁTICA

Com essas estratégias em mente, releia os seus sonhos escritos neste capítulo, reescreva-os se desejar, amplie-os ou reduza-os e, por fim, procure uma imagem para cada um dos sonhos. Cada imagem deve representar, o máximo possível, o sonho de uma forma concreta. Use imagens da internet, fotografias, gravuras de revistas, desenhos. O importante é que essas imagens sejam agrupadas em um quadro ou painel. Por sugestão da epígrafe no início deste capítulo, você pode até mesmo mandar fazer um banner a fim de que fique grande o seu painel, nesse caso, as imagens devem estar em ótima qualidade.

A construção do seu painel irá te proporcionar maior clareza para seus sonhos, reflexão sobre eles e possibilidade de acréscimos. Sim, se surgirem novos sonhos inclua-os. Note, é importante que use apenas imagens de vida extraordinária e abundante para cada sonho, bastando uma imagem para cada sonho, mas não é proibido ter mais de uma. Com o painel pronto, imprima-o ou faça seu banner.

Com o quadro pronto você terá o seu particular céu de estrelas e o poderá CONTEMPLAR e por ele PERCORRER através da imaginação todas as noites e dias.

SESSÃO 1
VISÃO GERAL DO TABERNÁCULO

*"Os pensamentos do diligente
tendem somente para a fortuna,
mas os de todo aquele que é apressado
somente para a necessidade"*

Provérbios 21.5

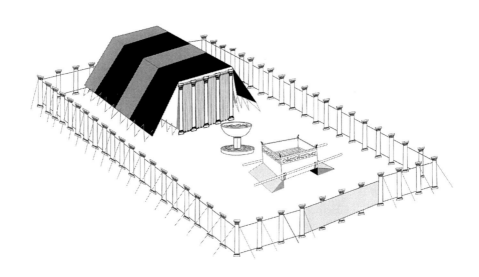

Conversa com o Leitor

ACHADO NAS ÁGUAS[3]

Isaque e sua esposa Rebeca geraram Esaú e Jacó. A aliança de Deus feita com Abraão foi passada a Isaque e, em seguida a Jacó. Jacó teve doze filhos, e um deles chamava-se José.

José, bisneto de Abraão, tornou-se o administrador de toda a terra do faraó do Egito numa época de grande fome em toda aquela região. Por causa da sua excelente administração, o Egito enriqueceu-se muitíssimo em uma época de crise. A toda família de Jacó, pai de José, foi permitido que viesse da terra de Canaã e habitasse na terra de Gósen (Gn 47.27), na parte oriental do Baixo Egito, um local de terras próprias para agricultura e pecuária, a fim de serem sustentados nessa época de intensa fome. José e seus onze irmãos viveram prosperamente e sua descendência se multiplicou ali. Pouco antes de morrer, José ordenou a seus filhos que não fosse sepultado de forma definitiva no Egito, mas visando ao cumprimento da promessa de Deus a Abraão, por ocasião do retorno do povo hebreu à terra de Canaã, levassem seus ossos (Gn 50.24-25).

Séculos depois, levantou-se um faraó que não levou em conta os serviços prestados pelos descendentes de Abraão e os afligiu com pesados tributos e grande carga de trabalho. Como

---

[3] Todas as ilustrações do livro foram encomendadas pelo autor a Ademir Aparecido da Silva Almeida, que utiliza o nome artístico Ademir Almeida. Seu portfólio pode ser visto em: http://ademiralmeida62.wixsite.com/portfolio

se isso não bastasse, sobre eles faraó impôs uma palavra de morte, condenando todos os filhos dos hebreus que nascessem, deixando viver apenas as filhas. Apesar dessa condenação, da descendência de Levi, irmão de José, nasce um menino que foi escondido durante três meses por sua mãe. Esse recém-nascido tinha dois irmãos, e o seu nome era Moisés (Êx 2.3-10).

> *"E quando já não podia escondê-lo, ela tomou para ele uma arca de juncos, e a revestiu com barro e piche, e pôs o menino nela. E ela a colocou nos juncos à beira do rio. E sua irmã ficou à distância, para saber o que lhe seria feito.*
>
> *E a filha de Faraó desceu para se lavar no rio. E suas servas caminhavam ao lado do rio. E quando ela viu a arca entre os juncos, enviou sua serva para buscá-la. E tendo-a aberto, ela viu o menino. E eis que o bebê chorava. E ela teve compaixão dele e disse: Essa é uma das crianças dos hebreus. Então disse sua irmã à filha de Faraó: Devo ir e chamar uma ama das mulheres dos hebreus, para que amamente o menino para ti? E a filha de Faraó lhe disse: Vai. E a serva foi e chamou a mãe do menino. E a filha de Faraó lhe disse: Toma este menino, e amamenta-o para mim, e eu te darei o teu salário. E a mulher tomou o menino, e o amamentou. E o menino cresceu, e ela o levou à filha de Faraó, e ele se tornou o seu filho. E ela chamou seu nome Moisés, e disse: Porque o tirei da água."*

Sendo criado por sua mãe até que ficasse grande, Moisés teve a oportunidade de ser instruído sobre a história de sua família, sobre a aliança que tinham com o Deus de Abraão, Isaque e Jacó, bem como sobre as promessas de Deus feitas a Abraão. A seu coração foram transmitidos os sonhos de descendência numerosa e conquista da terra de Canaã desde que permanecesse em aliança com o Deus de seus pais.

Moisés, depois que foi para o palácio de faraó, lá permaneceu sendo instruído em toda cultura egípcia até a idade de 40 anos. A despeito de toda influência egípcia, no seu íntimo Moisés acreditava que Deus o colocara como filho da filha de faraó com um propósito, o de libertar o povo hebreu da escravidão imposta pelos egípcios (Êx 2.11-15).

> "E aconteceu naqueles dias, quando Moisés havia crescido, que ele saiu a seus irmãos e viu as suas cargas. E ele viu um egípcio ferir um hebreu, um dos seus irmãos. E ele olhou para um lado e para o outro, e quando viu que não havia nenhum homem, matou o egípcio e o escondeu na areia. E quando saiu no segundo dia, eis que dois homens dos hebreus estavam contendendo. E ele disse ao que fazia injustiça: Por que feres a teu companheiro? E ele disse: Quem te fez por príncipe e juiz sobre nós? Intentas matar-me como mataste o egípcio? E Moisés temeu e disse: Certamente este negócio já é conhecido.
>
> Então, quando Faraó soube disso, tentou matar Moisés. Mas Moisés fugiu da face de Faraó; e habitou na terra de Midiã. E se assentou junto a um poço."

Moisés pensava que entenderiam que Deus o estava usando para salvá-los, mas eles não o compreenderam (At 7.25). Na terra de Midiã gerou dois filhos e, aos 80 anos de idade, Moisés teve a sua própria experiência com Deus e, fiel à Sua aliança, Deus livra o povo hebreu (At 7.30-36).

> "E, completados quarenta anos, apareceu-lhe no deserto do monte Sinai o anjo do Senhor, numa chama de fogo em uma sarça. Quando Moisés viu isso, se maravilhou da visão; e, aproximando-se para observar, a voz do senhor veio a ele, dizendo: Eu sou o Deus de teus pais, o Deus de Abraão, e o Deus de Isaque, e o Deus de Jacó. E Moisés tremia e não ousava olhar. Então, o Senhor lhe disse: Tira as sandálias dos teus pés, porque o lugar em que estás é terra santa. Eu tenho visto! Eu tenho visto a aflição do meu povo que está no Egito, e eu ouvi os seus gemidos, e desci para livrá-los. E agora vai, eu te enviarei ao Egito.

A este Moisés, a quem eles rejeitaram, dizendo: Quem te fez governante e juiz? A este Deus enviou para ser governante e libertador, pela mão do anjo que lhe aparecera na sarça. Ele os tirou, após ele ter mostrado maravilhas e sinais na terra do Egito, no mar Vermelho e no deserto, por quarenta anos."

No deserto, apenas três meses depois de terem saído da terra do Egito, Deus, que já sustentava o povo sobrenaturalmente com maná, um pão branco como semente de coentro e que tinha gosto de bolo de mel (Êx 16), chama o povo a se aliançar com Ele. Isso significava que deveriam ouvir e obedecer a Deus e, por sua vez, Deus faria da descendência de Abraão um reino sacerdotal e uma nação separada para Ele (Êx 9.5-8) e a Sua presença estaria no meio deles (Êx 23.20-21). Ratificada a aliança, Moisés sobe no monte de Deus e lá permanece quarenta dias e quarenta noites, recebe as tábuas de pedra dos dez mandamentos e um modelo exato de um tabernáculo (morada, habitação) a ser construído (Êx 24.12,15-18 e Êx 25.9).

Os homens têm seus sonhos, Deus também tem os Dele. Enquanto Deus dirigia Moisés e o povo hebreu a conquistarem a realização do sonho deles, a conquista da terra prometida a Abraão, a construção do Tabernáculo era uma etapa alinhada com o sonho de Deus para os homens.

O TABERNÁCULO

Moisés, enquanto se encontrava no Monte Sinai, diante da presença de Deus, recebeu a visão de um Tabernáculo e a ele foi dada a meta de construir um, conforme o modelo que lhe fora mostrado, obtendo do povo ofertas voluntárias para a construção (Êx 25.1-9).

"E o Senhor falou a Moisés, dizendo: Dize aos filhos de Israel, para que me tragam uma oferta; de todo homem que a der voluntariamente com seu coração tomareis a minha oferta. E esta é a

oferta que receberei deles: ouro, e prata, e bronze, e azul, e púrpura, e carmesim, e linho fino, e pelo de cabra, e peles de carneiro tingidas de vermelho, e peles de texugos, e madeira de acácia, óleo para a luz, especiarias para o óleo da unção e para o incenso aromático, pedras de ônix, e pedras de engaste para colocar no éfode e no peitoral. E me façam um santuário, para que eu habite entre eles. Conforme tudo o que eu te mostrar, segundo o modelo do tabernáculo, e o modelo de todos os seus instrumentos, assim o fareis."

    O Tabernáculo, a Tenda do Encontro como era chamado, seria o local onde Deus habitaria no meio do Seu povo, e um local apropriado para sacrifício e adoração. A tenda tinha um formato retangular de 9,2 metros por 4,6 metros e, à sua volta, um pátio cercado de dimensões 46 metros por 23 metros. O interior da tenda seria formado por dois compartimentos, a saber, o Santo Lugar e o Santíssimo Lugar.

    A cerca do pátio era formada por cortinas de linho branco, sustentadas por 60 colunas com base de cobre. A única porta desse pátio, com quase 10 metros de largura, ao se armar o Tabernáculo, ficava virada para o nascente. Essa porta era uma linda cortina nas cores púrpura, carmesim, estofo azul e branco. A porta do pátio tinha um apelido, era chamada de CAMINHO.

    Entrando no pátio via-se um altar que era usado para holocaustos e uma pia de bronze com água. A seguir estava a tenda, que já podia ser observada mesmo por quem não tinha entrado no pátio, já que sua altura sobrepujava a da cerca. A tenda era coberta com quatro camadas de tecidos, alguns bem caros, mas a cobertura mais externa, a que ficava à vista, era de peles de texugo, sem beleza ou atrativo algum.

    A entrada da tenda era formada por outra cortina, nas mesmas cores da cortina de entrada do pátio, sustentada por cinco colunas, de quase cinco metros de altura, apelidada de VERDADE, dava acesso ao Santo Lugar, onde se encontravam a mesa dos pães da presença, um candeeiro todo de ouro e um altar para se queimar incenso.

Atrás do altar de incenso se encontrava o véu do santuário, uma terceira cortina, chamada de VIDA. Após o véu estava o Santíssimo Lugar, onde se colocara a Arca da Aliança que continha, dentre outras coisas, os dez mandamentos e um vaso contendo o maná. A arca tinha uma tampa, chamada propiciatório, encimada por dois querubins, arca e tampa revestidas de ouro. A habitação divina, o lugar de Sua manifestação, era o Santíssimo Lugar, entendendo que manifestar é deixar-se ser conhecido e entendido intimamente, privilégio apenas daqueles que Lhe obedecem.

UM SONHO COM PROPÓSITO

Cada ser humano tem suas aspirações, mas não se dedica a todas de uma só vez, isso seria, no mínimo, inapropriado e contraproducente. Moisés tinha um propósito, levar os descendentes de Abraão à terra de Canaã e, ao mesmo tempo, levar o povo a se relacionar intimamente com YHWH. Estava tão certo que conseguiria, que cumpriu a promessa que seus antepassados fizeram a José, levavam no meio deles os restos mortais desse valoroso homem (Êx 13.19).

Todo aquele povo que estava no deserto, mais de um milhão de indivíduos, estava marcado por uma vida oprimida e escravizada por uma sociedade politeísta, suas emoções estavam abaladas e a insegurança fazia parte de seu cotidiano. Eles tinham medo de morrer de fome e sede no deserto, medo de serem mortos por perseguição egípcia ou em confronto com outras tribos, e se sentiam angustiados por dependerem de um único homem que proferia as palavras de orientações do Deus de seus antepassados. Enfim, apenas sabiam viver e pensar como escravos. Esse modo de pensar, suas atitudes e seus sentimentos eram apenas reflexos do que estava no interior deles, suas crenças gravadas em suas mentes e corações. Nessas condições o povo não realizaria sua meta de conquista. Estavam totalmente fragilizados.

Para entrar na terra prometida e relacionar intimamente com YHWH, ou seja, ver seu sonho realizado, necessitavam tirar o Egito de dentro de seus corações e aprender um novo modo de viver, deviam passar por uma transformação profunda e impactante, que os fizessem capazes de crer e servir a um único Deus cuidador, fiel à aliança, dono da promessa feita a Abraão. Era necessário regenerar a vida interior desse povo marcado. Sem transformação profunda de crenças interiores que os limitava não haveria conquista. O sonho morreria no deserto. Mesmo Moisés só foi capaz de ser o libertador porque outrora Deus o levou a uma transformação profunda ao falar com ele na sarça que ardia sem queimar e o levando a experimentar a Sua fidelidade em operação ao enviar as pragas sobre o Egito e seus deuses, libertando o povo hebreu das garras de seus algozes.

O Tabernáculo a ser construído serviria, inicialmente, para dois propósitos. Primeiramente era um conjunto de experiências que apontava a jornada que os descendentes de Abraão precisavam viver para serem libertos de toda essa prisão interior que já tinham ou viriam a ter ao longo da vida. Em segundo lugar, uma vez libertos, era um caminho seguro para estarem em perfeita comunhão com o Deus único e eterno, que oferece, pela graça, uma vida abundante. Estariam em Sua presença sem temor. O Tabernáculo seria para eles uma sala de aula, um plano diretor, um auxílio para entenderem os propósitos do Altíssimo e como deviam com Ele se relacionar.

Arão, irmão de Moisés, e seus descendentes, foram escolhidos por Deus para servi-Lo como sacerdotes na Tenda do Encontro e os demais descendentes de Levi, os levitas, seriam os cooperadores, cuidando do transporte do Tabernáculo e de seus móveis, cobertas, cortinas e colunas, erguendo-o novamente onde quer que Deus indicasse que era para isso ser feito. Todos teriam vestes especiais para a execução de seus ministérios.

Os sacerdotes deviam ensinar ao povo as Leis de Deus, tomar conhecimento da vontade divina e ministrar no santuário como mediadores entre Deus e o homem, ainda que imperfeitos. Para bem cumprir seu ministério, o sacerdote precisava estar cerimonialmente limpo, apresentando por si mesmo um sacrifício por seus próprios pecados, ter suas vestes e corpos limpos antes de poder fazer o mesmo pelo povo (Hb 8.3). A intenção da criação do sistema sacerdotal era clara: mostrar que os erros do povo os separariam de uma perfeita comunhão com Deus e quando isso ocorresse era necessária a presença de um mediador que reconciliasse os homens com Deus (Hb 5.1).

Tudo isso foi arquitetado e realizado para que o povo conquistasse a terra prometida, a chamada terra da qual mana leite e mel e não morressem no deserto com seus sonhos. E conquistaram, mas nem todos.

ESTABELECENDO METAS

Crenças limitantes, semelhantes às que tinham os hebreus recém-libertos do Egito, impedem a conquista de sonhos e, por isso, ao longo dos capítulos de sessão de *coaching*, esse aspecto será trabalhado. A presença de emoções negativas aprisiona pensamentos e sentimentos e, consequentemente, impede atitudes assertivas para a conquista de sonhos provocando autossabotagem. O processo de *coaching* auxilia na construção de emoções positivas e fortalecedoras. Não perceber a si mesmo, reconhecendo os próprios recursos internos e externos e não saber como os outros influenciam o meio em que se vive é condenar à morte o sonho ainda no deserto. Viver com relacionamentos quebrados é um martírio para quem deseja obter vida abundante. O *coaching* coopera para o bom equilíbrio dessas importantes áreas da vida.

O ápice do serviço sacerdotal era chegar ao Santíssimo Lugar, o lugar da habitação de Deus, essa era sua meta. O Sumo Sacerdote tinha clareza de sua meta, de seus objetivos. Para isso havia todo um processo que o Sumo Sacerdote devia executar, como um plano de ação, iniciado ainda do lado de fora do pátio da Tenda. Esse caminho estabelecido é o norteador no processo de *coaching* nos próximos capítulos neste livro, a fim de se obter uma vida abundante.

Assim como o Sumo Sacerdote, deve-se saber quais são as suas metas. Mas, afinal, o que são metas? Sabe-se que não se pode tentar realizar todos os sonhos de uma só vez, mas é possível escolher alguns para que sejam alvos de nosso foco. Dentre os sonhos de um indivíduo, aqueles que recebem foco para serem realizados chamaremos de meta. Reveja os sonhos escritos no capítulo 1, e dentre eles escolha alguns para serem suas metas. Suas metas serão os alvos durante a leitura dos capítulos seguintes. Para registro, atente-se para o fato de a conquista de sua meta ser diretamente proporcional ao seu nível de compromisso com as tarefas e o processo.

Liste quais dos sonhos você agora escolhe como suas metas.

Meta 1

_____

_____

_____

_____

_____

Meta 2

_____

_____

_____

_____

Meta 3

_____
_____
_____
_____
_____

Meta 4

_____
_____
_____
_____
_____

O povo hebreu trabalhou até que tudo estivesse feito conforme a ordem de Deus (Êx 39.32,43).

> *"Assim foi concluída toda a obra do tabernáculo, da tenda da congregação; e os filhos de Israel fizeram de acordo com tudo que o Senhor ordenara a Moisés, assim eles fizeram.*
>
> *E Moisés viu toda a obra, e eis que, eles a haviam realizado conforme o Senhor ordenara, assim eles haviam feito. E Moisés os abençoou".*

Com o cumprimento da parte que cabia ao povo, Deus cumpriu a Dele, fez do Tabernáculo sua habitação aqui na terra (Êx 40.34-38).

> *"Então uma nuvem cobriu a tenda da congregação, e a glória do Senhor encheu o tabernáculo. E Moisés não podia entrar na tenda da congregação, porque a nuvem permanecia sobre ela, e a glória do Senhor*

enchia o tabernáculo. E quando a nuvem se levantava de sobre o tabernáculo, os filhos de Israel prosseguiam em todas as suas jornadas. Mas quando a nuvem não se levantava, então eles não viajavam até o dia em que ela se levantava. Porque a nuvem do Senhor estava sobre o tabernáculo de dia, e fogo estava sobre ele à noite, à vista de toda a casa de Israel, em todas as suas jornadas."

Além disso, Deus também sinalizou que chegara o momento de eles iniciarem a jornada da conquista da terra prometida (Dt 1.8).

"Eis que coloquei a terra diante de vós; ide e possuí a terra que o Senhor jurou a vossos pais, Abraão, Isaque e Jacó, que daria a eles e à sua semente depois deles".

Mas o Egito em seus corações ainda os dominava e aprisionava, e aqueles, com idade de 20 anos para cima, que não foram compromissados com o sonho, a visão, a meta, também não entraram na terra prometida, nada conquistaram. No seco deserto, nos próximos 40 anos, encontrariam sua sepultura (Nm 14.21-23,29-30).

"Mas, tão certamente como eu vivo, toda terra se encherá da glória do Senhor. Porque todos esses homens que viram a minha glória e os meus milagres, que fiz no Egito e no deserto, e me tentaram estas dez vezes, e não obedeceram à minha voz, certamente não verão a terra que jurei a seus pais, e nenhum dos que me provocaram a verá.

Os vossos cadáveres cairão neste deserto, como também todos os que de vós foram contados segundo toda a vossa conta, com idade igual ou superior a vinte anos, que contra mim murmurastes; sem dúvida, não entrareis na terra na qual jurei que vos faria habitar, salvo Calebe, filho de Jefoné, e Josué, filho de Num."

Repense agora suas metas, são estas que realmente quer e se compromete a conquistar? São essas as metas que trarão verdadeira satisfação e que são realmente importantes para você? Se não, mude-as. Por que morreria no deserto da desilusão e do descontentamento? Basta de resultados fracos e desanimadores.

Diante das metas escolhidas, certifique-se de que elas fazem parte do seu painel de sonhos e que te trarão desafio realizável e abundante alegria pela conquista.

Verifique, também, que essas metas estejam alinhadas com seus valores interiores e que estão sob o seu controle. As metas são suas e para você mesmo? É ineficiente colocar uma meta aqui que outro deva realizar, por exemplo, colocar como meta o ingresso do filho no Ensino Superior. Essa não pode ser sua meta, seria a dele se ele desejá-la.

Algo mais deve ser notado. Para que o processo realmente funcione, é necessário colocar data final para a meta, ou seja, o dia máximo em que essa meta já deverá ter sido conquistada, realizada. A neurociência mostra que colocar a data nos ajuda a cumprir nossos objetivos. Volte agora às metas e acrescente de forma específica dia, mês e ano.

Pronto, como Josué e Calebe, erga sua cabeça e contemple seu alvo. Começou agora a jornada da conquista da vida abundante.

SESSÃO 2
PASSANDO PELO CAMINHO

> *"Porque não há homem justo sobre a terra,*
> *que faça o bem, e não peque"*
>
> Eclesiastes 7.20

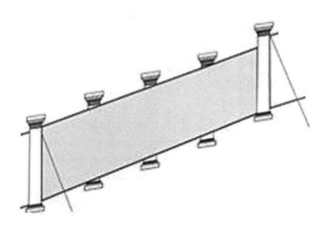

CONVERSA COM O LEITOR

CORAÇÃO ÍNTEGRO

Quando Deus indicou que era o momento da conquista da terra de Canaã, orientou Moisés a enviar homens para espiarem a terra. Os escolhidos deviam percorrer toda a terra, encharcar suas mentes e visão com a boa terra que Deus estava lhes dando, deviam colher frutos dessa terra para saboreá-los e, também, verificar quais eram os perigos e fortalezas que poderiam impedir a conquista da terra. Doze homens foram escolhidos, cada um de uma tribo diferente. O escolhido da tribo de Efraim, irmão de José, foi Oséias, filho de Num (Nm 13). Levaram quarenta dias para realizarem essa tarefa.

Esse texto mostra algo importante no processo de *coaching*. É o uso do painel de sonhos, no qual também apresenta as atuais metas. Ao olhar para o painel, todos os dias, de preferência, logo ao acordar, contemple cada imagem e, a seguir, escolha uma delas para se encharcar de sua visão. Pela imaginação, viva a situação como se já fosse realidade, perceba suas positivas emoções ao vivenciar a situação do sonho como uma realidade pronta e acabada. Pense em quem está com você, o que as pessoas te diriam por ter tido tal realização, quem comemoraria e desfrutaria do seu sonho com você. Como já é uma meta conquistada, viva os motivos pelos quais isso foi importante para você. Sinta a temperatura do local onde você está na sua imaginação, as cores e o movimento. Ouça o que está à sua volta.

Pesquisas mostram que aquilo que não nos vemos fazer nunca faremos. Por exemplo, uma pessoa pode querer muito pular de paraquedas, mas quando ela se imagina no avião, com o paraquedas em suas costas, um pavor toma conta de suas emoções e ações. Essa pessoa jamais irá pular do avião para uma queda livre enquanto não mudar seus pensamentos e sentimentos. A não ser que queira uma mudança, não irá sequer a um local apropriado para isso, às vezes, nem mesmo ir ver alguém fazê-lo. Outra situação pode ser na alimentação. Em alguns países, escorpião frito é uma iguaria da culinária. Se você não se vir comendo e saboreando esse prato, mesmo que esteja com um diante dos seus olhos, você será incapaz de ingerir os escorpiões. Sendo assim, é de suma importância que você se veja no seu sonho, do contrário não haverá realizações.

Oséias é um nome que significa "salvação". Quando voltou da terra que espiou, apenas ele e Calebe ficaram firmes e confiantes que Deus os ajudaria a conquistá-la, por isso, foram os dois únicos com mais de 20 anos que não morreram no deserto. Quando o povo amalequita saiu contra o povo de Deus (Êx 17.8-13), Moisés enviou Oséias à frente do exército enquanto ficava intercedendo por Israel. Oséias saiu vitorioso. Depois do firme testemunho de Oséias, que mostrava um coração íntegro e obediente, e que em Deus confiava, Moisés passou a chamá-lo de Josué, nome que significa "Deus é salvação" e o tornou seu auxiliar. Quarenta anos depois desses episódios, Josué seria aquele que conduziria o povo hebreu para a terra a ser conquistada. Josué se tornou o sucessor de Moisés (Nm 27.18-20).

> "E o Senhor disse a Moisés: Toma a Josué, filho de Num, um homem em quem está o Espírito, e põe a tua mão sobre ele. E coloca-o diante de Eleazar, o sacerdote, e diante de toda a congregação, e dá-lhe uma incumbência aos olhos deles, e porás sobre ele certa quantidade da tua honra, para que toda a congregação dos filhos de Israel lhe obedeça."

Josué também viveu sob o domínio egípcio. Como ele conseguiu ter um resultado diferente dos demais? Ele permitiu ser encharcado pelo mesmo sonho que dominava mente e coração de Moisés e, ao mesmo tempo, não permitia que más conversas, murmurações e pensamentos de escassez do povo fizesse parte de seu cotidiano. Ele protegeu-se refugiando-se na Tenda (Êx 33.11).

> "E o Senhor falava a Moisés face a face, como um homem fala com seu amigo. E ele voltava novamente ao acampamento, mas seu servo Josué, o filho de Num, um jovem, não se apartava do meio do tabernáculo."

A atitude de Josué mostra a grande importância que tem o observar as próprias palavras e com quem se conversa acerca das metas. Não adiantaria encharcar a mente com a visão da meta e, a seguir, realizar conversas com palavras limitadoras e cheias de escassez. A vida das palavras deve ser bem cuidada e vigiada. Coloque uma sentinela na boca. Policie-se. Vigie. Ao menor sinal de uma palavra que limita a realização do sonho faça uma antítese, declarando o correto para uma vida abundante, aquilo que contribui para a conquista. Com o tempo isso se tornará um hábito e cada vez menos farás declarações limitadoras. As Sagradas Escrituras são a melhor fonte de palavras corretamente estabelecidas para a vida abundante. Use-as.

AVANCE

Quarenta anos se passaram desde quando saíram do Egito, o momento de atravessar o Rio Jordão e possuir a terra prometida chegou. Moisés havia liderado todo aquele povo durante esse tempo, e, ao subir o monte Nebo, ao cume de Pisga, que está defronte Jericó (Dt 34.1), primeira cidade que viriam a conquistar em Canaã, Moisés levantou os olhos, contemplou a terra e ali morreu. O grande líder já não estava mais presente, num momento tão importante para o povo, este mesmo teve um revés. Durante trinta dias houve pranto de luto por Moisés (Dt 34.8). Terminado esse período estavam abatidos e desencorajados. No arraial só havia duas pessoas com mais de 60 anos, Josué e Calebe, todos os outros que tinham visto os grandes milagres de Deus no Egito haviam perecido no deserto.

Adversidades são elementos que ocorrem neste lindo percurso que se chama vida e o importante não é o quão limitador é a adversidade, mas como a pessoa se comporta diante dela. Pode-se contar com a presença de dificuldades para a conquista da meta, ela é certa. Problemas de várias naturezas aparecerão, de diferentes consequências e gravidades e o segredo é, apesar de sua presença, continue a avançar (Js 1.1-2,6-8).

> *"Então, após a morte de Moisés, o servo do Senhor, sucedeu que o Senhor falou com Josué, o filho de Num, ministro de Moisés, dizendo: Moisés, o meu servo, está morto; agora, portanto, levanta-te, vai sobre este Jordão, tu e todo este povo, para a terra que eu dou aos filhos de Israel. Sê forte e de boa coragem, pois para este povo dividirás a terra por herança, a qual jurei aos seus pais que lhes daria. Somente sê tu forte e muito corajoso, que tu possas observar e agir de acordo com toda a lei que meu servo Moisés ordenou-te; dela não te desvies nem para a direita, nem para a esquerda, para que possas prosperar por onde quer que fores. Este livro da lei não se apartará de tua boca; mas nele meditarás dia e noite, a fim de que possas observar e fazer de acordo com tudo o que nele está escrito, porque então farás próspero o teu caminho, e será bem-sucedido."*

Observe como o texto indica qual deve ser a postura de um realizador, de um conquistador de metas. "Levanta-te", em outras traduções está escrito "dispõe-te", mostrando que sua postura corporal é muito importante e faz diferença no resultado, o que é confirmado pelas pesquisas de neurociência. Por dias passaram com o coração enlutado e encurvado, certamente a postura deles acompanhava sua dor. Essa postura atraiu a desesperança e contribuiu com o aumento da tristeza da perda, enclausurando a mente numa rotina de pensamentos de perda, fracasso e incapacidade. A ciência mostra que os pensamentos e sentimentos influenciam a postura, mas o sentido inverso também é verdadeiro, a postura que adotamos influencia a vida de nossos pensamentos e de nossos sentimentos. Mesmo com sentimento de tristeza e dor, se mudarmos nossa postura fisiológica contribuiremos significativamente para a mudança de nosso estado emocional. Por isso, a primeira ordem foi *levanta-te*.

A segunda ordem foi "sê forte". Em outras traduções está escrito "esforça-te". Isso indica que nossas ações e vontade devem estar alinhadas com a meta que desejamos. Nada adianta estar com uma postura correta e não agir, ou ainda, nem querer agir e realizar. A conquista da meta exige esforço, há um preço a pagar. Contudo, isso não é um problema, não conquistar a meta é, comumente, um preço ainda mais caro. Em congruência com seus valores interiores, aja.

O terceiro item foi "seja de boa coragem". Em outras traduções está escrito "tem mui bom ânimo". Isso implica que as emoções devem contribuir para o processo de conquista. Abrigar emoções negativas em sua vida produzirá limites que criarão maiores barreiras e impedimentos. Equilibrar a vida emocional é de suma importância. Essa etapa passa por autoconhecimento de saber quem sou, do que sou capaz e do que mereço, passa pela qualidade de meus relacionamentos em família e, socialmente, pela qualidade dos estudos e profissão, até mesmo por como se é remunerado pelos serviços, talvez mais do que pelo quanto se é remunerado. A Palavra de YHWH nos fornece os conceitos corretos de quem somos e usá-los será de grande benefício!

Interessante notar os dois últimos itens citados juntos no verso 7.

"Somente SÊ TU FORTE E MUITO CORAJOSO, que tu possas observar e AGIR DE ACORDO COM TODA A LEI que meu servo Moisés ordenou-te; dela não

te desvies nem para a direita, nem para a esquerda, PARA QUE POSSAS PROSPERAR por onde quer que fores."

Mais uma vez, em congruência com os valores interiores deve-se agir. Nesse texto é indicado que se os valores da Lei estivessem no coração, Josué conseguiria agir com prudência por onde quer que andasse. Várias oportunidades batem à porta todos os dias na vida, mas quais delas devem ser agarradas? E quando? Para agir prudentemente é necessária uma vida emocional equilibrada em parceria com uma vida de atitude equilibrada. Não seria um excepcional auxílio para esse equilíbrio conhecer cada vez mais a Palavra de forma prática? É claro que sim!

Sob essas palavras encorajadoras, Josué ordena ao povo que se apronte, porque em três dias avançariam e cruzariam o rio Jordão (Js 1.10-11). Dias depois estariam diante de uma cidade fortificada chamada Jericó e a conquistariam (Js 6). Isso foi só o começo, cerca de cinquenta anos depois, na época da morte de Josué, o povo hebreu já estava de posse da terra de Canaã de acordo com a promessa de Deus (Js 21.43-45).

"E o Senhor deu a Israel toda terra que jurou dar aos seus pais; e eles a possuíram e nela habitaram. E o Senhor lhes deu repouso ao redor, segundo tudo o que jurou aos seus pais; e diante deles não ficou de pé nenhum homem de todos os seus inimigos; o Senhor entregou todos os seus inimigos na sua mão. Nada falhou de toda coisa boa que o Senhor havia falado à casa de Israel; tudo se cumpriu."

DIANTE DA PORTA

Abraão, portanto, muito antes de Moisés, havia feito aliança com Deus (Gn 15.9-10,17-18).

"E ele lhe disse: Toma para mim uma novilha de três anos de idade, e uma cabra de três anos de idade, e um carneiro de três anos de idade, e uma rola e um

pombinho. E tomou para ele todos estes, e os dividiu
ao meio, e colocou cada parte na frente da outra, mas
as aves ele não dividiu.

E aconteceu que, quando o sol se pôs, e ficou escuro,
eis que um forno de fumaça e uma lâmpada acesa
passaram entre aqueles pedaços.

No mesmo dia, o Senhor fez um pacto com Abrão,
dizendo: À tua semente eu dei esta terra, do rio do
Egito até o grande rio, o rio Eufrates."

Num pacto, ou aliança de sangue[4], existe o acordo selado entre duas pessoas, ou entre tribos, como em um contrato moderno, que são os termos do contrato. No cerimonial de aliança de sangue, dentre outras coisas, havia um sacrifício no qual os animais eram dispostos em metades e aqueles que estavam realizando a aliança deviam caminhar por entre as metades. Isso significava que aquele que quebrar a aliança, ou seja, algum termo do contrato, devia morrer e ter seu sangue derramado como morreram esses animais que estão dispostos na terra. Chamaremos aqui pecado a quebra da aliança, ou melhor, de qualquer termo do contrato. No caso, então, entre aliançados, aquele que pecar morrerá (Ez 18. 20). Outro aspecto da aliança de sangue era a proteção. Os aliançados deviam se proteger mutuamente. Sendo assim, Deus não podia permitir que a descendência de Abraão ficasse escravizada no Egito (Gn 15.13-14).

"E ele disse a Abrão: Saibas com certeza, que a tua
semente será estrangeira na terra que não é sua, e
os servirão, e eles os afligirão por quatrocentos anos.
E também a essa nação, a quem eles servirão, eu
julgarei, e depois eles sairão com grandes posses".

O Egito simbolizava a vida separada de Deus, descoberta de Suas bênçãos, encarcerada e de muita escassez. A vida no Egito era símbolo da vida em pecado. O pecado é uma ofensa

---

[4] (NA) Para aprofundamento em alianças de sangue recomendo os vídeos da Palavra da Fé (www.palavradafe.com.br) e o livro *Aliança de Sangue* de E. W. Kenyon.

contra Deus, uma conduta rebelde para com as Leis de Deus e faz com que o homem seja separado Dele (Is 59.2). Era direito, por aliança, que os descendentes de Abraão fossem resgatados do Egito. Sair do Egito de volta à terra de Canaã simbolizava saída de uma vida separada de Deus para uma vida com Deus. Figuradamente, olhando para o Tabernáculo, estar à porta pelo lado de fora é estar no Egito, na vida de pecado, e chegar ao Santíssimo Lugar era símbolo de conquista da vida plena, rica, limpa, cheia de paz e bênção do Altíssimo. Significava que o homem estava reconciliado com o seu Criador e sob Sua proteção via aliança de sangue.

Como o povo hebreu fez aliança com Deus através de Moisés, e os termos do contrato eram os dez mandamentos (Êx 20), ao pecar, devia morrer. Para solucionar essa situação, um sistema de sacrifícios vicários foi instituído. A expiação do pecado é o perdão dos pecados arrependidos com a consequente reconciliação com Deus.

A palavra *corban*, sacrifício em hebraico, vem do mesmo radical que significa aproximação. Vale lembrar que todo o ritual de *corban*, ou seja, de sacrifício realizado no Tabernáculo, visava tanto romper limitações dos paradigmas humanos fazendo com que eles reconhecessem a grandeza de Deus e o quanto isso poderia mudar a vida do homem aqui na terra, quanto reconciliar o homem com Deus, após uma quebra da aliança, com a devida remoção do pecado, a ponto do sumo sacerdote, uma vez por ano, no dia de Iom Kipúr, um dia especial para arrependimento de todo o povo diante da Tenda do Encontro, ter a experiência de entrar no Santíssimo Lugar e contemplar a nuvem da presença de Deus (Lv 16.2).

> "E o Senhor disse a Moisés: Fala a Arão, teu irmão, que ele não entre o tempo todo no santo lugar, para dentro do véu, diante do propiciatório que está sobre a arca, para que ele não morra; porque eu aparecerei na nuvem sobre o propiciatório".

Assim como a travessia do Mar Vermelho foi um marco na jornada da saída do povo hebreu do Egito (saída da vida separada de Deus) e a travessia do rio Jordão foi a entrada na terra de Canaã (início da vida com Deus), o que se fazia à porta da tenda era o marco inicial para a jornada sacerdotal até o Santíssimo Lugar (plenitude da vida com Deus) nesse dia de Iom Kipúr (Lv 16.3-4).

> *"Assim, Arão entrará no lugar santo; com UM NOVILHO, PARA OFERTA PELO PECADO, e um carneiro, para oferta queimada. E ele vestirá a túnica santa de linho, e terá calções de linho sobre a sua carne, se cingirá com um cinto de linho, e com uma mitra de linho se vestirá; estas são vestes santas; portanto, ele banhará a sua carne na água e então as vestirá".*

Neste capítulo discorreremos sobre o novilho para a expiação, no próximo capítulo sobre o carneiro para o holocausto e, no seguinte, sobre o banhar a sua carne na água.

Inicialmente o Sacerdote chegar-se-ia à porta do Tabernáculo trazendo um novilho macho, sem defeito, para a expiação de seus próprios pecados. Sobre a cabeça do novilho colocaria suas mãos e confessaria, diante de Deus, sua própria iniquidade (Lv 4.4).

> *"E ele trará o novilho à porta do tabernáculo da congregação, perante o Senhor, e colocará a sua mão sobre a cabeça do novilho, e matará o novilho perante o Senhor".*

Isso significava uma identificação do sacerdote com o animal que iria ser sacrificado em seu lugar, e fazia-se uma declaração verdadeira de sua mudança de pensamento e atitudes, ou seja, de seu arrependimento. Esse sacrifício seria aceito apenas se houvesse um profundo arrependimento por suas falhas cometidas, demonstrando inteireza de coração. Se o arrependimento não fosse sincero o sacerdote, ao entrar na presença do Deus santo, morreria.

Para haver um bom reflexo da imagem de um rosto é necessário um espelho que seja de boa qualidade, que não crie distorções na imagem, que seja límpido, sem ranhuras e de uma boa luz que ilumine bem o rosto. Esse é o espelho ideal para se contrapor diante da pessoa que está sendo adequadamente iluminada a fim de ver o seu reflexo com perfeição. Para um profundo e verdadeiro arrependimento é necessária uma sincera reflexão sobre si mesmo, suas crenças e suas atitudes. Não haverá tal reflexão se não usar o espelho de boa qualidade que se contraponha diante de suas crenças e atitudes, um que não provoque distorções na imagem, que não esconderá as imperfeições. Não haverá perfeita visão sem uma luz adequada. A pessoa que tem desejo sincero de mudança quer esse tipo de espelho e intensidade de luz. O espelho oferecido por Deus é Ele próprio em sua natureza santa e perfeita (Gn 17.1; Lv 19.2). A luz oferecida por Deus é a Sua Palavra (Sl 119.105).

CONHECE-TE A TI MESMO

A lista de sonhos é o preâmbulo do processo de *coaching*. Escolher metas é o início do processo. Fazer uma autoavaliação é o primeiro passo do *coaching* rumo à conquista das metas. Lembre-se de que o cocheiro conduz em sua carruagem a pessoa de onde ela está para aonde quer chegar. A meta é aonde se quer chegar, é o "estado desejado". Onde se está no presente é o "estado atual". Para o percurso de uma viagem é sempre necessário saber de onde sairá e aonde chegará. Qualquer falha na ciência dessas duas pontas transformará a viagem em um desastre.

A autoavaliação precisa ser feita de forma sincera e íntegra, com essa atitude você só tem a ganhar. Use o melhor espelho e a maior intensidade de luz que puder, faça o melhor por si mesmo, você merece.

Ao longo da leitura do livro e da realização dos exercícios, você verá intensa mudança positiva em sua autoavaliação, e esse levantamento do estado atual te servirá como referência.

Há diversos tipos de rodas de autoavaliação; seus pilares são adaptados conforme o nicho a qual é aplicado. Neste livro, são doze pilares de diferentes áreas da vida que serão avaliadas. Todas são muito importantes e estão interligadas. Lembre-se, somos seres sistêmicos, e essas doze áreas representam esse sistema. Isso quer dizer que uma área influencia a outra. Quando alguém não está bem de saúde isso afetará seu desempenho no trabalho? Afetaria também seu lazer e tempo com os amigos? Quando alguém está estável financeiramente, isso contribui para o equilíbrio emocional? Quando alguém tem prazer em um tempo de adoração a Deus e tem a possibilidade de realizá-lo, ficará melhor ou pior o seu relacionamento com a família e com a sua comunidade? Ao longo do livro, outras vezes você irá realizar esse processo avaliativo, a fim de não deixar área alguma prejudicada em relação às outras, e isso contribuirá em segurança para alcançar suas metas.

PREENCHENDO A AUTOAVALIAÇÃO

A seguir tem uma circunferência que você irá pintar (ou riscar) até o nível que você se encontra em cada pilar. A escala é de zero a dez. Dez é para aquele pilar que você já conquistou sua vida abundante e zero é o extremo oposto. Cuidado! Não use de excessivo rigor com você mesmo e nem use de displicente frouxidão. É aqui, na escolha do nível, que o seu espelho e iluminação farão toda a diferença.

Para cada pilar pense, com profundidade, o que seria uma vida abundante para você. Por exemplo, suponha que o nível dez (vida abundante) da vida financeira para alguém seja ter liberdade financeira, ou seja, não precisar trabalhar mais para viver no estilo de vida que lhe satisfaz para o resto dos seus dias, contribuindo responsavelmente com o próximo que necessitar, sem contrair dívidas, empréstimos desnecessários, mantendo o autocontrole financeiro nas aplicações e despesas. Onde a pessoa está hoje nessa área em comparação com esse dez é o nível que se deve marcar na figura. Por exemplo, suponha que a pessoa já tenha guardado uma quantia que lhe rende mensalmente metade do valor que ela precisa para ter o estilo de vida financeiro abundante, além disso, possui alguns bens, está com o orçamento familiar equilibrado e tem projeção de estar com a meta realizada com mais 12 anos de trabalho. Ela pode julgar que já está com um oito nesse pilar.

Repare que não há uma verdade absoluta, cada qual tem o seu padrão de vida abundante em cada pilar. É interessante que se escreva o que você tem como vida abundante em cada pilar e, para isso, há neste capítulo, espaço para esse registro. Registre antes de preencher a autoavaliação.

Vamos iniciar o preenchimento pelo pilar Espiritual 1. Esse pilar refere-se à sua vida pessoal com Deus, seu devocional, seu nível de relacionamento com o Pai e Sua palavra e o quanto isso impacta na sua vida pessoal e espiritual. Lembre-se de realizar o registro do que você entende ser a vida abundante nessa área primeiro e, a seguir, preencha a sua avaliação pessoal. Esse será o padrão em todos os pilares.

Como é, para mim, a vida abundante no Pilar Espiritual 1

_____

_____

_____

_____

_____

_____

O pilar Espiritual 2 refere-se à sua vida na comunidade eclesiástica. Como ela contribui para sua vida em todas as áreas, se está sendo adequadamente assistida por sua liderança, como você contribui ou não com sua comunidade. Registre o que você entende por vida abundante nesse pilar e faça sua autoavaliação.

Como é, para mim, a vida abundante no Pilar Espiritual 2

_____
_____
_____
_____
_____
_____

O terceiro pilar a ser preenchido é o pilar conjugal. Tudo o que se refere à vida matrimonial deve entrar nesse pilar.

Como é, para mim, a vida abundante no Pilar Conjugal

_____
_____
_____
_____
_____
_____

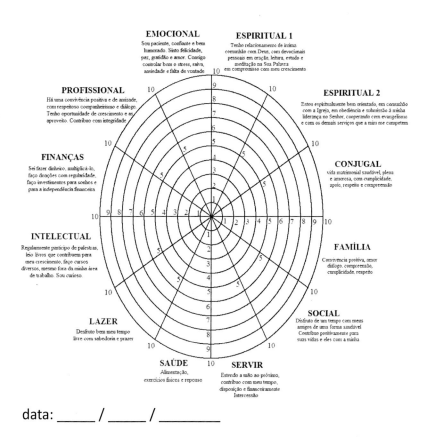

data: _____ / _____ / _____

O próximo pilar é o familiar. Aqui se avalia o relacionamento com os demais membros da família. Se desejar, poderá fazer referência apenas aos pais, ou aos filhos. Você decide. Apenas lembre-se de fazer o registro de sua decisão para as demais ocasiões em que irá preencher essa avaliação.

Como é, para mim, a vida abundante no Pilar Familiar
_____
_____
_____
_____

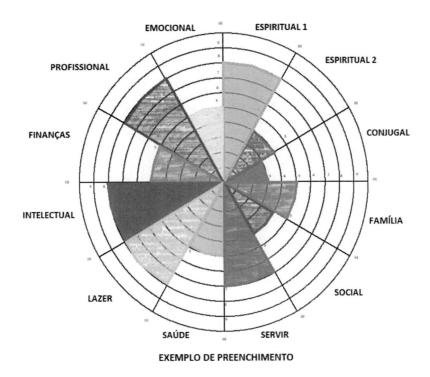

EXEMPLO DE PREENCHIMENTO

    O pilar social refere-se ao relacionamento com os amigos, o quanto esse contato é ou não importante, prazeroso e saudável. O pilar servir tem a ver com amor ao próximo. Há diversas maneiras que se pode contribuir com o outro. Pode ser dando do seu tempo ao enfermo em um hospital, sua contribuição a um orfanato, ou seus ouvidos e ombro aos idosos em um asilo, ou mesmo seu tempo de oração intercessora àquele que lhe solicitou oração. Registre o que você quer como vida abundante e faça a autoavaliação.

Como é, para mim, a vida abundante no Pilar Social

_____
_____
_____
_____
_____

Como é, para mim, a vida abundante no Pilar Servir

_____
_____
_____
_____
_____

No pilar saúde há três importantes áreas: a alimentação equilibrada, o exercício físico e o repouso. Como você tem cuidado de cada uma delas? Você faz acompanhamento regular com um médico ou só cuida desse assunto quando uma enfermidade já se estabeleceu? Você trabalha horas a mais para melhorar o pilar financeiro causando desequilíbrio na área do repouso ou do horário para exercício físico? Escreva o que é, para você, a vida abundante nesse pilar e faça sua avaliação.

Como é, para mim, a vida abundante no Pilar Saúde

_____
_____
_____
_____

Quem administra bem o seu tempo sempre o terá para passar momentos de lazer, seja sozinho, com sua família ou com amigos. No pilar lazer entra a leitura ou o escutar a música preferida só por hobby, o piquenique, o contemplar a natureza, em suma, fazer qualquer coisa que não seja da sua rotina e que te dá prazer.

Como é, para mim, a vida abundante no Pilar Lazer

_____

_____

_____

_____

_____

O pilar intelectual é sobre seu crescimento cognitivo. Leitura de livros que contribuam para o crescimento como indivíduo, participação em palestras e cursos diversos. No pilar financeiro deve-se avaliar se sabe administrar suas finanças, de modo a ter uma vida tranquila, sem dívidas, com liberalidade, incluindo investimentos para a liberdade financeira futura e reservas para pequenos sonhos a serem realizados ao longo da vida. No Pilar profissional avalia-se o desempenho profissional, o ambiente de trabalho e o quanto ele contribui para você crescer, sua proatividade, como você percebe seus relacionamentos profissionais e o que você percebe de oportunidades nessa área, tanto como empregado, como empregador ou futuro empreendedor.

Como é, para mim, a vida abundante no Pilar Intelectual

_____
_____
_____
_____
_____
_____

Como é, para mim, a vida abundante no Pilar Financeiro

_____
_____
_____
_____
_____
_____

Como é, para mim, a vida abundante no Pilar Profissional

_____
_____
_____
_____
_____
_____

Faça o registro do seu estado atual nos pilares intelectual, financeiro e profissional.

Por último, mas não menos importante, preencha o pilar emocional. Aqui se deve verificar toda a sua vida emocional. Você se sente grato e feliz? Sente-se amado e seguro? Tem conseguido gerenciar estresse, tristeza, ansiedade, raiva e angústia? Ou tem vivido altos e baixos emocionais? Percebe aprisionamento de pensamentos? Como sempre, seja sincero sem ser demasiadamente punitivo consigo mesmo.

Como é, para mim, a vida abundante no Pilar Emocional

_____

_____

_____

_____

_____

_____

Preencha a avaliação nesse último pilar e coloque a data da realização da sua avaliação.

Essa autoavaliação certamente contribuiu para dar clareza do seu real estado atual, isso se ela foi preenchida de forma séria e sincera. Como você avalia o seu estado inicial? O que você percebeu ao ver a avaliação que antes não percebia?

Tenha em mente agora suas metas. Há áreas fracas na avaliação e que nenhuma das suas metas contempla? Note em quais desses pilares há relação com suas metas. Há alguma meta não contemplada nesses pilares? Todas as metas são de um mesmo pilar? Gostaria de trocar alguma das metas? Se sim, esse é o momento ideal, é só trocar o registro das metas no capítulo 2.

Lembre-se, a avaliação inicial é apenas a plataforma de onde se irá partir. Não atribua valor ao quão bom ela está ou não. O importante é o que será feito para alterar essa situação ao longo das próximas semanas.

Algo a ser levado em consideração é que você pode ter metas de longo prazo que só estarão concluídas muito depois do término da leitura deste livro. Sendo assim, não alcançar um dez durante esse período de leitura não significa fracasso ou derrota, quer dizer, apenas, que ainda está no processo.

O que seria um preenchimento com dez em tudo? A vida abundante em plenitude! Asseguro-te que caminharás nesse sentido se você se empenhar.

Tome fôlego e durante os próximos dias, reflita positivamente sobre o quão importante foi conhecer o seu estado atual e compará-lo com suas metas.

Parabéns, você passou pela porta e entrou no pátio interior do Tabernáculo que conduz à vida abundante!

4

SESSÃO 3
SEPULTAMENTO

*"Confia tuas obras ao Senhor,
e os teus pensamentos serão estabelecidos"*

Provérbios 16.3

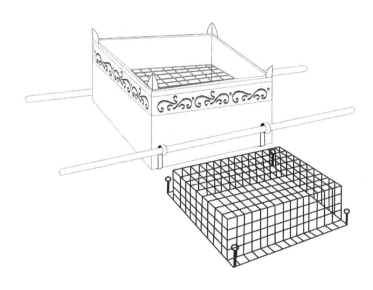

Conversa com o Leitor

CONSAGRAÇÃO

Abraão, quando recebeu o início do cumprimento da promessa que havia da parte de Deus, seu filho Isaque, já tinha 100 anos de idade. Era o filho de sua velhice. O filho da promessa. Sua vida, seu cotidiano, tudo foi transformado. Abraão contemplava seu herdeiro. Uma esperança e uma alegria intensa enchia seu coração de pai. Abraão segurava em seus braços a primeira estrela da constelação que Deus prometera a ele. Quando Abraão fez aliança com Deus, mostrou que optou por consagrar-se totalmente a Ele e sua firme confiança em Deus e em Sua promessa frutificou. Isso indicava a Abraão que ele tinha sido realmente fiel à aliança com o Deus criador. Contudo essa consagração seria posta à prova.

Às vezes, numa aliança de sangue, é colocado um teste para saber se a pessoa é digna da aliança, se ela, no futuro, por adversidades, não quebraria a aliança, pois os aliançados seriam irmãos de aliança pela vida toda e, dependendo da aliança, até mesmo pelas gerações seguintes. Abraão passou por esse teste (Gn 22.2).

"E ele disse: Toma agora o teu filho, teu único filho Isaque, a quem tu amas, e vai para a terra de Moriá e oferece-o ali como oferta queimada sobre um dos montes que eu te direi".

A oferta queimada é chamada de holocausto. É uma oferta de consagração. A palavra holocausto, em hebraico, tem o significado de *subir*, é a oferta que sobe até Deus como aroma suave. Nada tem a ver com pecado, apenas com dedicação, consagração. Aqueles que não conhecem sobre aliança de sangue, ao lerem esse texto bíblico, pensariam que Abraão teria duvidado de Deus e de suas intenções, ou que Abraão teria imensa dificuldade em realizar o que se havia pedido a ele. Deve ter sim causado certa estranheza a Abraão, pois havia conhecido, nos seus primeiros anos de vida, pais que sacrificaram seus próprios filhos a seus deuses sumérios a fim de obter proteção para o restante de sua família, e certamente ele tinha o Deus de Sem como um Deus diferente. Abraão não tinha outros filhos prometidos por Deus, mesmo assim, sendo parceiro fiel na aliança, demonstrou sua dedicação a Deus se abdicando do amor a seu único filho, levando-o para Moriá a fim de ofertá-lo a Deus como holocausto (Gn 22.3-10).

> *"E Abraão levantou-se cedo de manhã e selou o seu jumento, e tomou consigo dois de seus servos, e Isaque, seu filho, e cortou a lenha para a oferta queimada, e se levantou e foi para o lugar que Deus lhe dissera. Então, no terceiro dia, Abraão levantou seus olhos, e viu o lugar de longe. E Abraão disse aos seus servos: Ficai aqui com o jumento, e eu e o menino vamos adiante para adorar, e voltaremos a vós. E Abraão pegou a lenha da oferta queimada, e a colocou sobre Isaque, seu filho; e ele tomou o fogo em sua mão, e uma faca; e foram os dois juntos. E Isaque falou Abraão, seu pai, e disse: Meu pai, e ele disse: Aqui estou, meu filho. E ele disse: Eis o fogo e a lenha, mas onde está o cordeiro para oferta queimada? E Abraão disse: meu filho, DEUS PROVERÁ PARA SI UM CORDEIRO PARA A OFERTA QUEIMADA; então foram os dois juntos.*
>
> *E eles chegaram ao lugar de que Deus lhe dissera; e Abraão construiu ali um altar, e pôs em ordem a*

lenha, e amarrou Isaque, seu filho, e o pôs no altar sobre a lenha. E Abraão estendeu sua mão, e tomou a faca para IMOLAR SEU FILHO."

Abraão entendia perfeitamente o que envolvia um contrato de sangue. Sabia que, mesmo com a morte de Isaque, Deus tinha que manter a sua parte no trato, a de dar a Abraão descendência como as estrelas no céu. Ele não sabia como, mas tinha certeza de que seu filho voltaria com ele, mesmo com o holocausto realizado, por isso disse *"voltaremos a vós"* e *"Deus proverá para si um cordeiro para a oferta queimada"* e seguiu com o processo de "imolar seu filho". Talvez, quem sabe, Deus ressuscitaria seu filho (Hb 11.17-18). O modo como seu parceiro de aliança resolveria o problema não era importante, o que realmente importava era que confiava que Deus era capaz de resolver o caso e manter a sua promessa. Abraão estava certo (Gn 22.11-13).

"E o Anjo do Senhor o chamou do céu e disse: Abraão, Abraão; e ele disse: Aqui estou. E ele disse: Não ponhas a tua mão sobre o menino, nem faças alguma coisa com ele. Porque agora eu sei que temes a Deus, vendo que não negaste a mim teu filho, teu único filho. E Abraão levantou seus olhos, e olhou, e eis detrás dele um carneiro, preso pelos chifres em um arbusto; e ABRAÃO foi e TOMOU O CARNEIRO, E O OFERECEU COMO OFERTA QUEIMADA no lugar de seu filho".

A prova foi colocada e vencida. Um carneiro tomou o lugar de Isaque no holocausto. Um homem aliançado com Deus estava disposto a sacrificar seu filho a Ele, e isso causou um efeito enorme no pacto, já que Deus também estava disposto a sacrifícios pelo homem a fim de abençoá-lo e, por causa de Abraão, todas as famílias da terra seriam abençoadas (Gn 22.15-18).

"E o anjo do Senhor chamou a Abraão do céu uma segunda vez, e disse: Por mim mesmo jurei, diz o Senhor, pois porque tu fizeste tal coisa, e não negaste teu filho, teu único filho; em bênção eu te abençoarei,

e em multiplicação eu multiplicarei TUA SEMENTE como as estrelas do céu, e como a areia que está sobre a beira do mar; e a TUA SEMENTE possuirá o portão dos seus inimigos; e em tua semente todas as nações serão abençoadas, porque tu obedeceste a minha voz."

OFERTA QUEIMADA

O sacrifício, como visto sobre a palavra *corban*, tem tanto o sentido de morte quanto o de aproximação. Há, no livro de Levítico, um sacrifício descrito como aquele que era realizado para dedicar-se a Deus, nada tinha a ver com pecado. Essa oferta era totalmente queimada no Altar do Holocausto.

Interessante ressaltar que o Altar do Holocausto era de madeira revestido de bronze (Ex 27.1-8), e que o fogo que estava nesse altar ardia continuamente e não se apagava (Lv 6.9-13). O bronze é símbolo de julgamento, juízo e justiça (Dt 28.23) bem como o fogo (Ap 1.15 e Hb 12.29). Esse era um local de aceitação do pecador que caminha para o Santíssimo Lugar.

Altar é uma palavra que significa "um lugar de sacrifício" e o original, em hebraico, *mizbêach*, é um acróstico das palavras *Mechilá*, *Zechut*, *Berachá* e *Chayim* que significam, respectivamente, perdão, mérito, bênção e vida.[5] Depois do perdão obtido pela expiação do pecado por meio do sacrifício do novilho (capítulo 3), o sacerdote tinha o mérito de entrar no pátio externo da Tenda e oferecer consagração de sua vida e da vida do povo hebreu mediante o holocausto e de novo estabelecer para si e para o povo as bênçãos da aliança (Lv 16.3-4).

"Assim, Arão entrará no lugar santo; com um novilho, para oferta pelo pecado, e UM CARNEIRO, PARA OFERTA QUEIMADA. E ele vestirá a túnica santa de linho, e terá calções de linho sobre a sua carne, se

---

[5] Informações obtidas em: http://www.pt.chabad.org/library/article_cdo/aid/913189/jewish/O-
-Altar-de-Cobre-para-Sacrifcios.htm. Acesso em: 19 jul. 2016.

cingirá com um cinto de linho, e com uma mitra de linho se vestirá; estas são vestes santas; portanto, ele banhará a sua carne na água e então as vestirá".

No altar do holocausto, queimavam-se as ofertas consagradas a Deus, as quais eram inteiramente queimadas, significando que estavam totalmente dedicadas a Ele. O carneiro para o holocausto era queimado no altar toda a noite até pela manhã. Isso tem o significado que o julgamento estava sobre aquele sacrifício e, também, que a justiça estava satisfeita e, portanto, aceito. Mais uma vez *corban*, sacrifício que traz aproximação, através de um sacrifício de rendição total.

A dedicação mostra lealdade e afeição. É uma devoção, uma expressão de amor. É desprendimento de si próprio em favor de outrem. É o desejo profundo de estar junto, não importando o preço. Para obter o resultado de união que se deseja, o eu interior precisa morrer, não para que se viva só, nem tampouco para que o outro viva sozinho, mas para que os dois aliançados vivam juntos. É celebração de união. De forma alguma a dedicação é uma relação na qual um perde para que o outro ganhe. Na dedicação total o Eu é sepultado por causa do outro e o maravilhoso resultado é o nascimento do nós. Os dois ganham.

RESTAURAÇÃO PROFUNDA DOS RELACIONAMENTOS

No percurso da vida, muitos laços de amor são feitos, quer por parentesco, quer amizade. Às vezes, há amigos mais chegados do que irmãos. Para que se reforce esse laço de amor, ações são realizadas, palavras são ditas, afeições são demonstradas, repetidamente, atitudes de dedicação e tempo são investidos para manter e crescer esse amor.

Quando alguém é ofendido ou insultado, o peso emocional colocado no sentimento do ofendido é inversamente proporcional à sua maturidade emocional e diretamente proporcional à profundidade do laço que os une. Em outras palavras, se quem o ofende lhe é uma pessoa de pouca importância, dar-se-á pouca importância emocional ao fato, a não ser que falte equilíbrio emocional, nesse caso, indiferentemente de quem faz a ofensa, tudo será problema. Se quem o ofende é alguém precioso, chegado, com estreita relação, a não ser que haja equilíbrio emocional, essa relação ficará desgastada por semanas, talvez meses e anos. É comum saber de relacionamentos quebrados entre pais e filhos que duram anos, entre casais que trocaram juras de amor terminarem em divórcio, entre amigos tão chegados como irmãos que se separaram para o resto de suas vidas. São alianças quebradas que deixaram marcas, traumas, prejuízos. Perderam contato, abrigaram ódio em seus corações, sentiram as ofensas profundamente em suas entranhas e mantiveram-nas continuamente em suas mentes, em seus pensamentos.

Felizmente há também aqueles que souberam administrar o rompimento desse laço de amizade, de amor, mesmo que o afastamento já tivesse acontecido. Souberam acalmar seus pensamentos, deixaram de alimentar os sentimentos negativos e agiram de forma a reestabelecer aquilo que tinham. É possível. Tiveram a coragem de engolir o próprio orgulho, mesmo que estivessem certos na ocasião, e buscaram um caminho de paz, de reconciliação. Sepultaram o próprio eu para ganhar o outro. Acabaram por descobrir que o evitar não resolvia o conflito. Decidiram viver dias felizes, sem sentimentos de inimizade e consequente perda. Recusaram-se a ter dias felizes sem a presença do antigo e maravilhoso laço que construíram no passado. Conseguiram.

Existe uma ferramenta de *coaching* o qual avalia a situação em que está certo relacionamento qualquer e, ao mesmo tempo, essa ferramenta norteia a restauração profunda desse vínculo[6]. Essa técnica exige um acompanhamento semanal por parte daquele que deseja saborear o resultado positivo de sua ação. Exige, também, responsabilidade.

---

[6] Esse exercício neste livro é uma adaptação da ferramenta "As 18 Maneiras de Restaurar e Resgatar Relacionamentos Pessoais", do curso de Formação Profissional em Coaching Integral Sistêmico, do PhD Paulo Vieira – FEBRACIS, em parceria com a Florida Christian University.

Dedique-se por um momento em se lembrar de algumas pessoas que estão afastadas de você, não importa o motivo, pessoas muito queridas suas, mas que o relacionamento está distante e quebrado, não necessariamente com o físico distante. Dentre elas, quais você deseja fortemente a reversão do que ocorreu? Não importa quem magoou quem. Não importa quem estava certo. Importa apenas que você almeja ter paz e tranquilidade, que você deseja dedicar-se a restaurar esse laço. Verifique apenas se não é um caso no qual a restauração traria mais prejuízo para você, para ela ou outros envolvidos. Não se pode ser egoísta nem irresponsável com a escolha. Seja assertivo. Acima de tudo, fale com Deus, antes de falar com a pessoa. Ore a Deus a respeito do conflito em vez de murmurar.

Esse método nos auxilia a focar no que é importante em um relacionamento, assim, você irá se avaliar em cada item, em relação ao atual quadro em que se encontra essa ligação com a pessoa que você deseja restaurar os laços. Os critérios que serão avaliados a cada semana são:

1. Minhas palavras e ações revelam amabilidade.

Amabilidade é a qualidade de ser amável, afável, afetuoso, tanto nas atitudes quanto nas palavras. É ser simpático e generoso, com solidariedade. É ser cortês. A amabilidade, muitas vezes, é revelada pelos olhares, abraços e beijos carinhosos na demonstração do afeto. A amabilidade deve ser dirigida ao outro tanto quanto a mim mesmo e na mesma qualidade.

2. Minha atitude é de perdoador.

O perdão é graça e o livramento de uma culpa. Perdoar é uma escolha, é uma decisão, não um sentimento. Perdoar é liberar o outro. É absolver. É não mais revelar e levar em conta o erro da outra pessoa. Perdoar é desistir dos ressentimentos e livrar-se da amargura.

3. Cultivo tempo de qualidade.

Duas pessoas podem passar horas juntas sem qualidade. Tempo de qualidade envolve foco um no outro. É uma atenção diferenciada. Deve-se lembrar que aqui se leva em consideração o que o outro valoriza como algo de qualidade.

4. Tenho diálogo respeitoso com escuta empática.

Diante das diferenças é necessário diálogo respeitoso. A escuta empática envolve ouvir o outro primeiro, sem reservas, de forma sincera e desarmada. Primeiro procura compreender e depois ser compreendido. Além disso, deve-se esclarecer as expectativas. Expectativas pouco claras e ambíguas prejudicam a comunicação e a confiança.

5. Mostro compreensão e ajo com flexibilidade.

Ser flexível é adaptar-se diante das diferenças ou mudanças, é ser maleável. É ter cuidado para não ser rígido. Ser compreensivo é ser sensível com o outro, aberto, humano. É não se irritar quando a situação requer ajustes e adequação. É ser brando e tolerante. Ser compreensivo requer que não se imponha os seus próprios valores para a outra pessoa. Pode-se propor, não há nada de errado nisso, mas não impor.

6. Ajo com cumplicidade e companheirismo.

Cumplicidade é amizade com entendimento e parceria. A cumplicidade requer convivência sem competição, exige harmonia e companheirismo solidário. A convivência é amistosa e cordial.

7. Dou feedback.

Feedback é dar um parecer sincero e respeitoso, sem adulação e exageros, nunca por interesse. Precisa ser assertivo. Para a restauração do relacionamento procura-se motivos sinceros de apreciação. Saiba que é primordial informar se as expectativas e necessidades estão sendo satisfeitas ou não, por isso, é indispensável a validação.

Não confunda *feedback* com falar sempre se o que houve foi bom ou ruim. Quando ocorre, não há problema em revelar uma apreciação negativa, desde que seja conversado de forma amável. Para uma maior eficácia, pesquisas mostram que se deve fazer de cinco a sete *feedbacks* positivos para cada negativo. Uma relação menor que quatro para um é prejudicial ao relacionamento. Por outro lado, a mesma pesquisa mostra que não se exagera em elogios (positivos) quando comparado às críticas (negativas), ou seja, a relação positivo-negativo não pode ultrapassar a razão de nove para um, sob pena de estragar o relacionamento.

8. Expresso gratidão.

Demonstrar gratidão por palavras e ações é de suma importância para a restauração do relacionamento. Ser grato é reconhecer o outro e uma forma profunda de *feedback*. Pesquisas mostram que ser grato é um gatilho para a felicidade. Vale lembrar que a gratidão não impõe condições ao outro, ou seja, se é grato apenas se o outro fizer ou disser isso ou aquilo. Quem é grato já enterrou o rancor e a amargura.

9. Minha transparência é adequada.

Ser transparente é ser honesto, íntegro e confiável. Faz parte de seu caráter. Ser honesto é adequar as palavras à realidade, lembrando que essa honestidade não pode ferir a amabilidade.

Ser íntegro é ajustar a realidade de nossas ações e palavras, segundo os valores que comunicamos que temos e dizemos que vivemos. Transparência é honrar compromissos e promessas. Transparência é uma interação sem preconceito. É agir com lisura e boa-fé. Além disso, lembre-se, não há amizade sem confiança, nem confiança sem integridade.

10. Sou compassivo, paciente e sereno na relação.

Ser compassivo é compreender o sofrimento do outro e ajudar a aliviar essa dor. É ser piedoso, terno e benévolo. É usar de misericórdia. Para ser compassivo é necessário também ser paciente, ou seja, ser capaz de aguentar algo com resignação, sem se irritar por ter que esperar. O paciente é manso, sereno e tolerante. Há quietude. O sereno é plácido e ponderado.

11. Intercedo pelo outro e profetizo na vida dele(a).

Como me interesso por esse relacionamento, certamente me interesso pelo crescimento da outra pessoa nos diferentes pilares de sua vida. Dessa forma, regularmente invisto tempo em interceder por ela, colocando-me no lugar dela pleiteando sua causa diante de Deus, como se fosse minha. Ao mesmo tempo, libero palavras de bênçãos em todas as áreas de sua vida.

12. Ajo em cooperação mútua (Sinergia).

Cooperação mútua é sinergia. A essência da sinergia é valorizar as diferenças, investir nos pontos fortes e compensar as fraquezas. É cultivar a capacidade do outro enquanto fomenta interesses mútuos.

Feito o esclarecimento do que significa cada item que será analisado, faremos uma observação antes de iniciar o exercício. É importante perceber se há necessidade de pedir perdão. Pedir perdão é uma atitude de humildade e sinceridade que mostra seu desejo de melhorar o relacionamento. Ao pedir perdão, você o faz porque reconhece que precisa ser liberado e absolvido de uma ofensa. Lembre-se, se necessário, deve-se perdoar a si mesmo e, a seguir, peça perdão ao outro.

Agora preencha a tabela com o nome da pessoa com quem você quer restaurar o relacionamento e coloque uma nota de 0 a 10 a cada item, onde 0 significa inexistente e 10 é um quesito totalmente satisfeito e que, neste momento, não precisa ser trabalhado.

Use de equilíbrio e sinceridade nas notas, não seja demasiadamente duro com você mesmo, nem seja flexível demais.

Nome	
Perguntas	1ª Avaliação
1. Minhas palavras e ações revelam amabilidade?	
2. Minha atitude é de perdoador?	
3. Cultivo tempo de qualidade?	
4. Tenho diálogo respeitoso com escuta empática?	
5. Mostro compreensão e ajo com flexibilidade?	
6. Ajo com cumplicidade e companheirismo?	
7. Dou feedback?	
8. Expresso gratidão?	
9. Minha transparência é adequada?	
10. Sou compassivo, paciente e sereno na relação?	
11. Intercedo pelo outro e profetizo na vida dele(a)?	
12. Ajo em cooperação mútua (Sinergia)?	

Agora que preencheu a tabela, você tem a oportunidade de registrar duas decisões que você tomará para modificar essa situação. Ações que corroborarão com a restauração do relacionamento. Ações que serão praticadas dentro desta semana, ou seja, nos próximos sete dias, até o dia da leitura do próximo capítulo. Se observar as notas que você deu, verás que elas falam alto no que se deve fazer, modificar e investir, então, faça seu investimento.

Decisão 1

_____
_____
_____
_____
_____
_____

Decisão 2

_____
_____
_____
_____
_____
_____

Além das novas ferramentas de *coaching* que serão apresentadas nos próximos capítulos, voltaremos a essas perguntas nos próximos três capítulos para acompanhamento e aprimoramento dos seus resultados.

Parabéns, você tomou uma grande decisão!

SESSÃO 4
AFINANDO O INSTRUMENTO

> *"Haverá uma fonte aberta para a casa de Davi
> e para os habitantes de Jerusalém,
> para remover o pecado e a impureza."*
>
> Zacarias 13.1 (ARA)

CONVERSA COM O LEITOR

ALTOS E BAIXOS

O povo hebreu cresceu e ficou numeroso, mesmo no deserto enquanto seguiam sendo conduzidos por Moisés. Eles foram naturalmente divididos em doze tribos. Cada tribo era da descendência de um dos doze filhos de Jacó. Como Deus trocou o nome de Jacó para Israel, o povo hebreu tornou-se conhecido como o povo de Israel, ou o povo das doze tribos de Israel. Conduzidos por Josué, sucessor de Moisés, por volta do ano 1400 a.C. entraram na Terra Prometida, e como previu Moisés, na terra de Canaã o povo se tornaria infiel à Aliança (Dt 31.29), caminhando em um vai e vem, em um distanciar e reaproximar do seu Deus.

Cada vez que o povo quebrava a Aliança com Deus, alguma tribo da terra de Canaã subjugava os descendentes de Abraão. Fiel à Sua Aliança com Israel, Deus levantava homens e mulheres para dirigirem o povo de volta a Ele e, consequentemente, serem libertos do opróbrio. Esses servos de Deus foram chamados de juízes. Deus os fez chefes militares e magistrados civis. Vivendo essa situação por cerca de trezentos e sessenta anos, Israel solicita para si um rei físico ao profeta Samuel, que já julgava o povo israelita nos últimos trinta e oito anos. Israel desejou ser como as outras nações, rejeitando a Deus como seu único Rei (1Sm 8.5,7) para ter um homem que fosse seu rei.

O primeiro a ser consagrado rei foi Saul, a seguir, Davi, ambos ungidos por Samuel. Davi agradou a Deus e recebeu a promessa que seu reino duraria para sempre através do Messias, o enviado de Deus, um que seria da descendência de Davi (1Cr 17; 2Sm 7.19; Sl 89).

Depois de Davi, seu filho Salomão reinou sobre Israel. Salomão não guardou a aliança até o fim e seu reino foi dividido e, por volta de 930 a.C., Israel passou a ter o Reino do Norte, sob a direção de Jeroboão, que reinava sobre dez das doze tribos de Israel, e o Reino do Sul, com outro rei, chamado Roboão, e desse reino faziam parte apenas a tribo de Judá e a tribo de Benjamim.

Paralelamente aos fatos que ocorriam em Israel após a divisão do reinado, desde o século IX a.C., o Império Assírio crescia e se estabelecia. A capital desse império era Nínive e situava-se à margem oriental do Rio Tigre, a 450 km ao norte da Babilônia e 800 km a nordeste da Galileia, que está no norte de Israel. A Galileia era a terra do profeta Jonas.

Nínive, que foi considerada a maior cidade do mundo em sua época de glória, era chamada de "a cidade dos ladrões" porque seus moradores invadiam e despojavam outras regiões para se enriquecer. O povo de Nínive, adoradores de Dagom, um deus metade homem e metade peixe, estava familiarizado com uma conduta imoral e perversa. Nínive era uma ameaça ao povo hebreu.

O CARO CAMINHO DO MODELO REATIVO

Quando estamos sob uma situação adversa agimos de acordo com o nosso conhecimento, temperamento e emoções do momento. Na verdade, fazemos repetidas vezes o mesmo modelo de ação ao sermos confrontados por uma situação que nos deixa desconfortáveis.

Em um momento de conflito, algumas pessoas se calam, outras procuram fingir que não há nada para se resolver ou decidir, outras evitam o confronto saindo da presença dos envolvidos, ainda outros tomam algum tempo para pensar e analisar qual a melhor resposta para a situação que ela pode oferecer.

Em seu livro *Os Sete Hábitos das Pessoas Altamente Eficazes*, Stephen Covey descreve dois modelos de ação diante das situações que vivemos, a saber, o modelo reativo e o modelo proativo. O modelo reativo é aquele que na presença do estímulo externo a pessoa, sem pensar, sem analisar e filtrar a situação pelos seus princípios e valores, entrega uma resposta. O modelo proativo não procede dessa forma, antes, filtra tudo, analisa, pensa e repensa de forma a buscar a melhor resposta; nesse caso, apresenta ter responsabilidade, ou melhor, habilidade de dar uma resposta à situação.

Certa ocasião, um profeta chamado Jonas recebeu uma incumbência de Deus, o de proclamar arrependimento aos cidadãos de Nínive e que os avisasse que, se caso não se arrependessem, a cidade seria destruída. Ora, Jonas[7] sabia como era o povo ninivita e como eles representavam uma ameaça à sua nação. Além disso, conhecia o Deus misericordioso que habitava no Santo dos Santos, e desejou que essa misericórdia não se estendesse a um povo pagão e cruel. Jonas fugiu da presença de Deus, contrariando a sua vida dedicada ao seu Senhor (Jn 1.1-3).

> "Ora, a palavra do Senhor veio a Jonas, filho de Amitai, dizendo: Levanta-te, vai a Nínive, aquela grande cidade, e clama contra ela, pois a sua maldade subiu diante de mim. Mas Jonas se levantou para fugir para Társis, longe da presença do Senhor, e desceu a Jope, onde encontrou navio que ia para Társis; pagou, pois, a sua passagem, e desceu para dentro dele, para ir com eles para Társis, longe da presença do Senhor."

Jonas disse a Deus que se ele proclamasse o arrependimento aos ninivitas Deus se compadeceria desse povo pagão (Jn 4.2), mas não quis apresentar-se como alguém que fora contrariado,

---

[7] Para ouvir a leitura do livro do profeta Jonas, acesse o link https://youtu.be/3pxlpbxhBlk

ou seja, cujas ideias não correspondiam com o propósito divino. Como não queria analisar a situação por outra ótica, evitou deixar-se ser confrontado por si mesmo e por seu Deus. Diligentemente planejou sua fuga. Proveu-se financeiramente, foi a uma cidade marítima chamada Jope, procurou um navio que ia para Társis, pagou a passagem e mudo embarcou.

Társis era uma cidade a quatro mil quilômetros de Canaã, na atual Espanha, um centro fenício de fundição, exatamente no sentido oposto ao que Jonas devia tomar. Jonas pensava que YHWH, seu Deus, que habitava na Tenda do Encontro, apesar de tê-Lo como criador da terra e do mar (Jn 1.9) estava restrito às terras de Israel. Pensava que a distância o manteria a salvo dos olhos do Onipotente e que não precisaria cumprir seu voto de servo e, portanto, sua missão, mesmo que isso significasse nunca mais voltar à sua terra. Jonas errou em sua lógica e em seguir seus próprios pensamentos e emoções (Jn 1.4-5).

> *"Mas o Senhor enviou um grande vento ao mar, e houve uma poderosa tempestade no mar, de modo que o navio estava a ponto de quebrar-se. Então os marinheiros ficaram com medo, e cada homem clamou ao seu deus, e lançavam as cargas que estavam no navio ao mar, para o aliviarem. Mas Jonas desceu ao porão do navio, e deitado, dormiu profundamente."*

Tempestades no mar são comuns, marinheiros experimentados passam por diversas delas, mas essa, em particular, causou medo a todos. A situação ficou gravíssima. Para o navio resistir e não afundar, lançaram ao mar sua carga e seus pertences. Tiveram suas vidas como preciosas, mais do que a preciosidade das suas finanças. Esses marinheiros fizeram a escolha certa diante da situação.

Que contraste! A atitude reativa de Jonas, o servo do Deus Altíssimo, embotou sua mente. Tornou-se indiferente e insensível à situação dos outros, mesmo causando-lhes prejuízos financeiros, embora tivesse plena consciência de que ele era o responsável por tal situação (Jn 1.7-10). Os marinheiros que estavam correndo perigo de morte, mesmo sabendo que Jonas era o causador do desastre, ao ouvirem de Jonas que a única solução para o problema era lançá-lo ao mar, não o fizeram (Jn 1.11-13). Tiveram a vida de Jonas como valorosa, demonstraram isso ao tentarem alcançar a costa remando em vez de lançá-lo ao mar.

Assim que perceberam que não conseguiam o que intentavam, Jonas interveio e mais uma vez solicitou que fosse lançado ao mar, o que fizeram, mas não sem pedir perdão por estarem tomando tal atitude (Jn 1.14-16). Note que Jonas poderia ter pulado do navio, mas não o fez. Ele não estava desesperado. Na verdade, Jonas tinha se despertado para a realidade e confessou-se digno de morte e estava disposto a sofrer o castigo. Só assim tornou-se disposto a sacrificar-se para salvar os que estavam para morrer. Jonas voltava a ter consciência de servo de um Deus amoroso e misericordioso.

O LUCRO DE SE TER HABILIDADE DE RESPOSTA

Jonas foi milagrosamente conduzido a Nínive enquanto era quebrantado e reconhecia sua atitude vã e a necessidade de cumprir seus votos ao Altíssimo (Jn 2). Deixara sua atitude reativa e assumiu uma proativa. Agora mostrava responsabilidade, ou como definimos anteriormente, habilidade de dar uma resposta adequada, nesse caso, ao comando de Deus.

Com uma atitude interior totalmente diferente, numa postura responsável e consciente, de cabeça erguida, Jonas por três dias percorre a cidade de Nínive proferindo as palavras de juízo. O resultado foi uma grande comoção que afetou o imoral e cruel povo ninivita, inclusive seu rei. A proclamação de Jonas gerou arrependimento e, consequentemente, o arrependimento afastou do juízo (Jn 3.5-8,10).

> *"Assim as pessoas de Nínive creram em Deus, e proclamaram um jejum, revestiram-se de pano de saco, desde o maior até ao menor. Assim, pois, a palavra chegou ao rei de Nínive; e ele levantou-se do seu trono, tirou de si as suas vestes, cobriu-se de pano de saco, e sentou-se sobre a cinza. E ele fez com que isso fosse proclamado e divulgado através de Nínive, pelo decreto do rei e dos seus nobres, dizendo: Nem homens, nem animais, nem bois, nem ovelhas provem coisa alguma; nem se lhes dê alimentos, nem bebam água; mas os homens e os animais sejam cobertos de pano de saco, e clamem poderosamente a Deus; sim, convertam-se cada um do seu caminho mal, e da violência que está nas suas mãos.*
>
> *E Deus viu as obras, como se desviaram do seu mau caminho; e Deus se arrependeu do mal que tinha anunciado que faria eles, e não o fez."*

Jonas cumpriu sua missão, os ninivitas alcançaram misericórdia e Deus obteve o que desejava. Lucro, lucro e lucro. Quanta diferença quando a atitude está baseada em um princípio valoroso e altruísta.

ÁGUA QUE LIMPA

Entre o Altar do Holocausto e a Tenda havia uma bacia de bronze. Antes de realizar a oferta queimada o sacerdote devia lavar mãos e pés na pia de bronze e, também, após o holocausto e antes de entrar na Tenda, outra vez o sacerdote devia lavar mãos e pés (Êx 30.17-21).

> *"E falou o Senhor a Moisés, dizendo: Também farás uma pia de bronze, e sua a base também de bronze, para lavar; e a colocarás entre o tabernáculo da congregação e o altar, e nela colocarás água. Porque Arão e os seus filhos lavarão nela as suas MÃOS e os seus PÉS. Quando entrarem para o tabernáculo da congregação, lavar-se-ão com água para que*

não morram; ou quando se aproximarem do altar para ministrar, para queimar a oferta feita no fogo ao Senhor; assim lavarão as suas mãos e os seus pés para que não morram; e isto lhes será por estatuto eterno, para ele e para a sua descendência nas suas gerações."

Mãos e pés falam das nossas obras cotidianas e o caminho por onde temos andado[8]. Não bastava arrepender-se dos pecados e confessá-los, para se consagrar a Deus era necessário limpar-se, sendo assim, antes de apresentar a oferta no altar do holocausto, o sacerdote lavava-se. Por que apenas mãos e pés? Porque o mais já estava limpo.

Após o holocausto, mais uma vez o sacerdote estava impuro, afinal, manuseou um animal morto, cortou-o e carregou suas partes até o altar e, por isso, retornava à pia de bronze para a purificação de suas mãos e pés. Isso mostrava que mesmo dentro da obediência a Deus, sendo fiel a seu chamado, o sacerdote havia de se limpar em atos contínuos, afinal, santo e puro há um só, o Deus Altíssimo a quem servia.

Não há descrição do tamanho da pia, seu peso ou formato, mas um fato interessante é que essa pia de bronze foi feita a partir dos espelhos das mulheres (Êx 38.8). É de se notar que essas mulheres que ofertaram seus espelhos deram mais importância no destino que se daria a esse aparato do que à sua vaidade, à sua própria vontade; pode-se dizer que se esvaziaram de si mesmas por uma causa maior, tiveram uma atitude desprendida.

Sendo a pia feita de bronze e cheia de água, encontravam-se unidos dois elementos que dão o reflexo daqueles que dela se aproximavam. Quando o sacerdote olhava a pia como a um espelho, ou a água, via a si mesmo e podia perceber suas imperfeições naturais em contraste à perfeição de Deus, que logo ele encontraria no Santíssimo Lugar. Com a água podia purificar

---

[8] O significado de cada elemento utilizado no Tabernáculo, de cada material e cor, encontra uma certa harmonia entre os estudiosos do assunto. Neste livro, os significados foram embasados nas obras Conner (2015) e Gilbert (1991).

a obra de suas mãos e o caminho por onde tinha andado. Seu objetivo era ser aceito na presença de Deus, era estar puro diante de um Deus puro.

Diante da pia de bronze, o sacerdote reconhecia que uma mudança de comportamento é algo contínuo e crescente, afinal Deus é santo, santo, santo, e aqueles que a Ele servem devem assemelhar-se a Deus. Posicionalmente a nação de Israel era santa, isso significava que a nação de Israel era separada para Deus, e os descendentes de Arão eram santos, ou seja, separados para Deus como aqueles que, dentre as pessoas das tribos de Israel, deviam servi-Lo como sacerdotes. Por outro lado, a santidade prática é um processo que deve ser crescente e diário enquanto se deixa ser afetado pelo relacionamento com um Deus vivo e santo, bem como com Sua Palavra.

A santificação diária e prática afeta de tal forma o caráter e comportamento que se reconhece as imperfeições humanas, afasta a autossuficiência e a arrogância, faz com que o coração fechado em seus próprios pensamentos e emoções se abra por causa do outro num desejo ardente de que todos saiam ganhando, de que todos lucrem, de que cada um experimente essa mesma vivência santa e abnegada, com relacionamento saudável e abundante, tanto com Deus quanto com os homens.

INDUTOR DE NOVOS COMPORTAMENTOS

Como vimos, uma parte importante do crescimento rumo à vida abundante é deixar-se ser confrontado, com sinceridade e de forma desarmada, colocar-se diante de um espelho que reflita sua verdadeira natureza, caráter, temperamento, ações, emoções, sentimentos e intenções do coração. Não há espelho melhor que a Palavra de Deus. Está na Palavra a ética, moral e vida no mais perfeito e singular padrão.

Como auxílio, apresento a seguir a ferramenta *indutor de novos comportamentos*[9], que muito o auxiliará nesse processo. Assim, responda com fidedignidade cada pergunta e realize as ações propostas de todo o seu coração.

Escreva nas linhas a seguir os comportamentos, comunicações, sentimentos e emoções que você tem como prejudiciais para sua vida, danosos, maliciosos, ou ainda, que estão desalinhadas com uma postura ética e moral de qualidade.

___

[9] Esse exercício neste livro é uma adaptação do exercício "Mudança de Comportamento", do curso de Formação Profissional em Coaching Integral Sistêmico, do PhD Paulo Vieira – FEBRACIS, em parceria com a Florida Christian University.

Dentre suas citações escolha, hoje, duas que percebe que há em você desejo profundo de mudança. Não escolha porque outra pessoa disse a você que há necessidade de mudança, deve ser algo que está, em seu interior, pedindo mudança.

Agora você já pode preencher o quadro a seguir.

INDUTOR DE NOVOS COMPORTAMENTOS	
COMPORTAMENTO DANOSO 1	COMPORTAMENTO DANOSO 2
O QUE DEFLAGRA ESSE COMPORTAMENTO?	
QUAL O PENSAMENTO ENVOLVIDO NESSE COMPORTAMENTO?	
QUAL O SENTIMENTO ENVOLVIDO NESSE COMPORTAMENTO?	
QUAL FEEDBACK VOCÊ TEM QUANDO AGE ASSIM?	
O QUE MAIS TE ENTRISTECE QUANDO AGE ASSIM?	
QUAIS VANTAGENS PESSOAIS VOCÊ TEM AO AGIR ASSIM?	
O QUE FARIA VOCÊ PARAR DE AGIR ASSIM?	
QUAL COMUNICAÇÃO VOCÊ DEVE FAZER PARA MUDAR?	
QUAL AÇÃO VOCÊ FARÁ A PARTIR DE AGORA?	

Agora cônscio dos efeitos negativos desses dois comportamentos, respire fundo, já é momento de mudanças. Viver a plenitude é possível!

Escreva a seguir: "Eu me arrependo do comportamento ..." e, após isso, leia em voz alta para você mesmo, em frente a um espelho. Faça isso com os dois comportamentos.

Frase 1

_____
_____
_____
_____
_____

Frase 2

_____
_____
_____
_____

Repita olhando em seus olhos até perceber genuíno arrependimento por ter escolhido agir e se comportar dessa forma até o dia de hoje.

Segundo o site www.significados.com.br[10], a palavra antítese tem origem no termo grego *antithesis*, que significa resistência ou oposição. Por esse motivo, a antítese (que também é uma figura de pensamento) consiste na **contraposição de conceitos, palavras ou objetos distintos.**

Neste momento você tem a oportunidade de escrever a antítese de seus comportamentos declarados como tóxicos e

---

[10] Acesso em: 17 out. 2016.

dos quais você se arrepende. Escreva no sentido de declarar o novo comportamento que está diretamente em contraposição com o antigo.

Antítese 1

_____

_____

_____

_____

Antítese 2

_____

_____

_____

_____

Saber qual deve ser o novo comportamento só terá efeito se você descrever quais são as ações que você deve realizar e cumpri-las. Escreva a seguir, pelo menos, duas ações para realizar cada um dos dois novos comportamentos saudáveis e positivos.

Comportamento novo 1

Ação 1

___
___
___
___
___

Ação 2

___
___
___
___
___

Comportamento novo 2

Ação 1

___
___
___
___
___

Ação 2

_____

_____

_____

_____

_____

Agora, o mais importante, peça perdão a você mesmo e se perdoe. Todos falham. O importante não é como se começa, e sim, como se termina. Peça perdão a Deus, declarando o comportamento inadequado e seu arrependimento, pedindo que Ele o purifique, lavando seu coração, mãos e pés.

Na primeira oportunidade, peça perdão às pessoas a quem tem causado dor com esses comportamentos. Humildade é parte de uma vida abundante, é o oposto do orgulho. Invista um tempo em oração. Após isso, escreva na tabela a seguir a quem você deve pedir perdão e quando você irá encontrá-la com esse propósito.

A Quem	Quando
1.	1.
2.	2.
3.	3.
4.	4.
5.	5.

Lembrando-se do que já aprendeu acerca da visualização, veja-se, em sua imaginação, realizando cada uma dessas ações, totalmente capaz, feliz e satisfeito por realizá-las. Feche seus olhos e invista alguns minutos para se encharcar dessa nova imagem de vida abundante.

ACOMPANHAMENTO DA RESTAURAÇÃO PROFUNDA DOS RELACIONAMENTOS

Dando continuidade ao exercício do capítulo anterior, já se passou uma semana e nova avaliação deve ser feita. No processo, seja compassivo pelo sentimento do outro. A solução só virá depois de levar em consideração o sentimento dos envolvidos, e ouça sem ficar na defensiva. Vale a pena lembrar o que diz Provérbios 19, verso 11 (ARA).

"A discrição do homem o torna longânimo, e sua glória é perdoar as injúrias."

Para cada pergunta coloque a nova nota correspondente. Só depois compare com as notas dadas na semana passada.

Nome	
Perguntas	2ª Avaliação
1. Minhas palavras e ações revelam amabilidade?	
2. Minha atitude é de perdoador?	
3. Cultivo tempo de qualidade?	
4. Tenho diálogo respeitoso com escuta empática?	
5. Mostro compreensão e ajo com flexibilidade?	
6. Ajo com cumplicidade e companheirismo?	
7. Dou feedback?	
8. Expresso gratidão?	
9. Minha transparência é adequada?	
10. Sou compassivo, paciente e sereno na relação?	
11. Intercedo pelo outro e profetizo na vida dele(a)?	
12. Ajo em cooperação mútua (Sinergia)?	

Compare agora com as notas dadas anteriormente. Como você avalia a mudança? Quais foram os ganhos? O que permaneceu estável? Suas decisões registradas no capítulo anterior foram cumpridas à risca? O que permaneceu estável é porque você não deu atenção ao item nessa semana ou porque encontrou dificuldades? O que você pode fazer, comunicar ou visualizar que fará diferença na nova reavaliação na próxima semana?

Mais uma vez, registre duas novas decisões de ações que você realizará nos próximos sete dias a fim de melhorar o relacionamento e alcançar a sua meta.

Decisão 1

_____
_____
_____
_____
_____

Decisão 2

_____
_____
_____
_____
_____

No próximo capítulo será feita nova reavaliação. Tenha certeza de que suas decisões e mudança de comportamento trarão lucro a você e aos que você ama e se importa.

SESSÃO 5
A TENDA DA CONGREGAÇÃO

*"Dê ao rei os teus juízos, ó Deus,
E a tua justiça ao filho do rei."*

Salmo 72.1

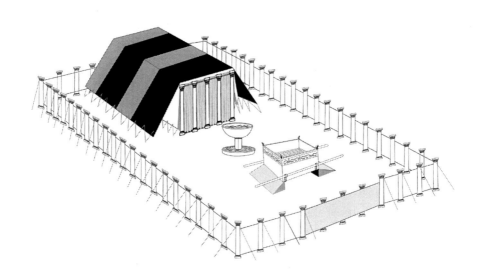

Conversa com o Leitor

VITÓRIAS E DERROTAS

Na época em que o reino de Israel estava dividido entre Reino do Norte e Reino do Sul, também chamado de Reino de Judá, diversos reis promoveram grandes vitórias a Israel, assim como grandes derrotas também, em conformidade ao que levavam a nação a se aproximar ou se afastar de Deus.

Os reis do Reino do Norte se afastaram da Aliança com YHWH, e viveram à parte de Sua proteção. Boa parte dos reis em Judá buscou e se consagrou a Deus, obtendo resultados positivos para si mesmos e para seu reino.

A divisão do Reino de Israel se deu após a morte do rei Salomão, filho do grande rei Davi. Seus filhos Roboão e Jeroboão se tornaram reis, sendo Roboão o rei das tribos de Judá e Benjamim. Roboão reinou durante 17 anos, seu filho Abias, que não era reto para com Deus (1Re 15.2-3), reinou durante 3 anos, o filho dele, Asa, que buscava a Deus como Davi (1Re 15.9-13), reinou em Jerusalém por 41 anos comandando o Reino do Sul.

Com a morte de Asa, seu filho Josafá começou a reinar em Jerusalém por volta de 870 a.C. (2Cr 17.1-2).

UM REVESTIMENTO SEGURO

Josafá decidiu em seu coração seguir as Leis e Mandamentos da Aliança (2Cr 17.3-6), fez disso uma meta e um mote para sua vida e reinou por 25 anos em Jerusalém.

> "E o Senhor esteve com Josafá, porque ele andou nos primeiros caminhos do seu pai Davi, e não buscou aos baalins; mas buscou o Senhor Deus do seu pai, e andou nos seus mandamentos, e não segundo as obras de Israel. Por isso, o Senhor estabeleceu o reino de Israel na sua mão; e todo o Judá trazia a Josafá presentes; e ele tinha honra e riquezas em abundância. E o seu coração estava exaltado nos caminhos do Senhor; ainda mais ele removeu os lugares altos e os bosques de Judá."

Além disso, Josafá trouxe o coração de seu povo para perto das Leis de Deus (2Cr 19.4-9, grifos meus) e estabeleceu a ordem.

> "E Josafá habitou em Jerusalém; e ele saiu novamente pelo meio do povo, de Berseba até o monte Efraim, e <u>os trouxe de volta</u> ao Senhor Deus dos seus pais.
>
> E ele <u>pôs</u> juízes na terra, em todas as cidades fortificadas de Judá, cidade por cidade, e <u>disse</u> aos juízes: Vede o que fazeis; por que não julgais da parte do homem, senão da parte do Senhor, e ele está convosco quando julgardes. Porquanto, agora, que o temor do Senhor seja sobre vós; atentai e fazei-o; porque não há iniquidade com o Senhor nosso Deus, nem acepção de pessoas, nem aceitação de presentes. Além disso, em Jerusalém Josafá <u>colocou</u> os levitas, e os sacerdotes, e os chefes dos pais de Israel, para juízo do Senhor, e para controvérsias, e voltaram a Jerusalém. E <u>ele os encarregou</u>, dizendo: Assim <u>fareis</u> no temor do Senhor, fielmente, e com um coração perfeito."

Verifique que o rei Josafá não confirmou a Aliança apenas para sua vida, mas também liderou o povo a permanecer na Aliança com Deus, acrescentando uma sequência de ações, como mostram as palavras sublinhadas no texto anterior, a fim de alcançar sua meta de rei.

Cerca de 18 anos após começar a reinar, Josafá se viu em grande aperto; dois povos, os amonitas e os moabitas, vieram em peleja contra o Reino de Judá, com grande multidão (2Cr 20.1-2). A situação era tal que Josafá teve medo (2Cr 20.3a), contudo, tomou a melhor decisão, não se fundamentou em seu próprio plano e força de seu exército, pelo contrário, buscou a Deus humildemente em jejum, bem como todo o Reino (2Cr 20.3b).

Josafá rememorou, diante do povo, os benefícios de se ter uma Aliança com YHWH, citando como Deus já os havia livrado de tantas adversidades, mesmo sendo o inimigo poderoso e muito mais numeroso, pois dEle era o poder e a força. O rei, amedrontado, despiu-se diante dos olhos de Seu Senhor, confessando ser pessoalmente inadequado para resolver essa questão. Pondo seus olhos em um Deus fiel, baseando-se nas promessas da Aliança, revestiu-se de uma confiança tal que, ousadamente, apresentou sua situação a Deus, declarando que nEle teria a vitória (2Cr 20.4-13). O resultado dessa nova maneira de se posicionar foi a exuberante palavra recebida proclamada pelo levita Jaaziel (2Cr 20.15-17).

> *"E ele disse: Ouvi, todo o Judá, e vós habitantes de Jerusalém, e tu, rei Josafá: Assim diz o Senhor a vós: Não temais nem vos amedronteis em razão desta grande multidão; porque a batalha não é vossa, mas de Deus. Amanhã descereis contra eles; eis que sobem pelo penhasco de Ziz; e vós os encontrareis no fim do ribeiro, diante do deserto de Jeruel. Vós não precisareis lutar nesta batalha; posicionai-vos, ponde-vos parados de pé, e vede a salvação do Senhor convosco, ó Judá e Jerusalém; não temais, nem estejais desfalecidos; amanhã, saí contra eles; porque o Senhor será convosco."*

O impacto dessa resposta foi impressionante! A partir do rei, todo o povo que se encontrava ali se prostrou em adoração (2Cr 20.18).

No outro dia, cedo, obedeceram ao comando conforme a palavra citada por Jaaziel, saíram ao deserto de Tecoa, louvando e rendendo graças a Deus. Não colocaram as mãos em armas, não lutaram, apenas obedeceram ao plano de ação de Deus e, por isso, saíram vitoriosos (2Cr 20.22-24).

> *"E, quando eles começaram a cantar e a louvar, o Senhor preparou emboscadas contra os filhos de Amom, Moabe e do monte Seir, os quais vieram contra Judá; e eles foram feridos. Porque os filhos de Amom e Moabe se levantaram contra os habitantes do monte Seir, para matá-los e destruí-los por completo; e quando massacraram os habitantes de Seir, cada qual ajudou a destruir um ao outro.*
>
> *E quando Judá veio em direção à torre de vigília no deserto, eles olharam para a multidão, e eis que eles eram corpos mortos caídos por terra, e nenhum escapou."*

A TENDA DA CONGREGAÇÃO

Quando o sacerdote já estava purificado, dirige-se à Tenda da Congregação, o Tabernáculo propriamente dito. Ao observá-lo, via à frente cinco colunas de sustentação, um véu por detrás das colunas para ocultar dos olhos o interior da Tenda, e a cobertura externa, que era de pele de um animal acinzentado, sem beleza aparente.

A cobertura da Tenda ia do teto ao chão, encobrindo a visão de todos aqueles que olhassem para ela, que tinha formato retangular, ocultando totalmente três lados do Tabernáculo. Apenas o lado que o sacerdote usaria como entrada se via as cinco colunas frontais em vez da cobertura. Abaixo da cobertura externa havia outra, feita de peles de carneiros, por baixo dela uma de peles de cabras e o que estava por baixo de todas era um conjunto de dez cortinas de linho fino, unidas entre si (Êx 36.8-13).

As paredes do Tabernáculo eram feitas de madeira de acácia, revestidas de ouro. A acácia é nativa daquela região e sua madeira é de grande resistência e durabilidade e, às vezes, é dita como uma madeira incorruptível por sua tamanha resistência a pragas. Para receber o revestimento de ouro a madeira era devidamente trabalhada. Apenas quando se entrava na Tenda é que era possível ver essas paredes; elas estavam totalmente escondidas sob a cobertura das quatro camadas de cortina e peles que formavam a cobertura da Tenda, portanto, as belas paredes não podiam ser apreciadas pelo lado de fora do Tabernáculo.

A MADEIRA DE ACÁCIA

Êx 36.37-38

"E eis uma cortina de azul para a porta do tabernáculo, e de púrpura, e carmesim, e linho fino torcido, trabalho de bordador; e as cinco colunas com os seus colchetes; e ele revestiu suas cabeças e suas molduras com ouro. Mas suas cinco bases eram de bronze."

Assim como a acácia fora utilizada para se fazer as paredes da Tenda, também foi para as colunas de sustentação. A acácia é uma planta nativa de lugares áridos, com grandes espinhos, e sua casca é de cor escura, muito dura.

Para trabalhar em sua madeira era necessária a remoção de seus espinhos e casca, alisá-la por toda a sua extensão, antes de poder ser revestida de ouro e se tornar parte da Tenda.

A planta é da terra, simboliza a humanidade, os lugares áridos referem-se às dificuldades da vida, sua casca rija aponta para o endurecimento que o homem forma ao longo de tantas adversidades e decepções, enrijecendo seu coração, formando extensos espinhos em suas emoções e personalidade, que ferem a outros nos mais simples relacionamentos.

Contrastando à madeira, o ouro tipifica a realeza, a beleza e a pureza. O ouro representa Deus em Sua santidade e pureza perfeita. É a representação da natureza divina. Para revestir a madeira de ouro, a acácia deveria se despir de seus espinhos e casca.

Revestir a madeira de acácia de ouro fazia com que a madeira não mais ficasse exposta aos olhos, apenas o ouro era visto, isso significa que Deus quer envolver o homem de tal maneira com Sua natureza ao ponto de quem olhar para o homem não mais o veja de forma antiga, contemple apenas o caráter de Deus em sua vida, fruto de Sua Graça que operou no homem. Apenas essa madeira trabalhada e revestida é que poderia fazer parte da estrutura da Tenda, ficando sob a cobertura total do Tabernáculo, o que exprime que esse homem revestido está sob a proteção de Deus e pode tê-Lo como refúgio e fortaleza (Sl 91.1-2).

As cinco colunas tinham a cabeça de ouro e suas bases eram de bronze. Já descrito no capítulo 4, o bronze simboliza julgamento, juízo e justiça. Era para lembrar ao sacerdote que, mesmo dentro do Tabernáculo e tendo se lavado na pia de bronze, ali também era exigida a santidade, total obediência e reverência em temor a Deus.

No texto Êx 36.31-34 verificamos que havia travessas que interligavam as madeiras que formavam as paredes da Tenda.

> *"E fez barras de madeira de acácia; cinco para as tábuas de um lado do tabernáculo, e cinco barras para as tábuas do outro lado do tabernáculo, e cinco barras para as tábuas do lado do tabernáculo para os lados do oeste. E a barra do meio das tábuas fez passar de uma extremidade à outra. E revestiu as tábuas com ouro, e fez suas argolas de ouro para serem lugares para as barras. E revestiu as barras com ouro."*

Essas travessas traziam segurança para a estrutura. A Tenda da Congregação foi construída com um propósito, uma meta, e todo o seu processo foi cuidadosamente elaborado, do começo ao fim, com cada peça em seu lugar. Isso nos indica que para realizarmos nossas metas, de forma estruturada e firme, um objetivo que se cumpra e permaneça, além de saber o que se quer, deve-se saber **com detalhes** o que se quer e como se fará isso.

PLANO DE AÇÃO

Todos os exercícios realizados te prepararam para este momento, fizeram com que você visse a si mesmo por meio da autoavaliação, tomasse posição e ações para melhorar em relacionamentos e conduta a fim de alcançar suas próprias metas.

Para a construção de um plano excelente de alcançar metas é primordial, mas não suficiente, ter ciência da meta (capítulo 2) que veio de um sonho (capítulo 1), sim? Para levar a cabo o que se deseja, é necessário especificar os parâmetros que envolvem essa meta, construir um plano detalhado para a conclusão desse sonho.

Dentre as metas que escreveu no capítulo 2, escolha uma para criar agora o plano de ação. Leia todas elas e perceba em seu coração qual delas é, neste momento, a que salta aos seus olhos. Transcreva-a a seguir.

Meta escolhida

_____

_____

_____

_____

_____

Muito bem! Vamos ao ponto.

Para construir o plano de ação usa-se a técnica 5W2H da Administração. São sete perguntas a que se deve responder. Quando o fizer, terá seu plano totalmente pronto. Contudo verá que será necessário reavaliar o plano de ação de tempos em tempos para pequenos ajustes. Essas revisões são interessantes e importantes, afinal, você poderá perceber o quanto avançou e rever datas e estabelecer ações que ainda deverá realizar, deixando tudo muito claro em sua mente, sem se perder ao longo das semanas.

Responda às perguntas:

1. **W**hat (O que) Etapas – O que será feito? Descreva todas as etapas que se deve realizar de hoje até que a meta se cumpra. Por exemplo, se o desejo é passar em uma prova de concurso as etapas passam pela inscrição em um curso preparatório, inscrição no processo de seleção, assistir às aulas do curso e prestar a prova.

_____
_____
_____
_____
_____

2. **W**hy (Por que) Justificativas – Por que será feito? Sem uma forte razão <u>positiva</u> e <u>prazerosa</u> você não terá condições de persistir até a conclusão. Pense, por que quer tanto realizar essa meta? Qual é o seu motivo? Voltando ao exemplo anterior, a justificativa poderia ser a alegria da aprovação em um concurso que o possibilite trabalhar em algo que ama, melhorar a condição de vida e, assim, poder contribuir mais com a família e com outros que você sabe que precisam de seu apoio.

_____
_____
_____
_____
_____

3. **W**here (Onde) Local – Onde será feito? Para cada etapa deve-se dizer onde ela será realizada. Seja específico. Utilizando o exemplo anterior, pode-se especificar a escola em que se matriculará para fazer o curso e os locais onde poderá fazer revisões de estudo.

_____

_____

_____

_____

4. **W**ho (Quem) Responsabilidade – Por quem será feito? Existe alguém que é responsável por cada etapa, normalmente é o dono da meta. Contudo, em algumas etapas, é possível e, às vezes necessário, ter parceiros. Escreva agora o(s) responsável(is) por cada etapa do processo.

_____

_____

_____

_____

5. When (Quando) Tempo – Quando será feito? Seja específico nas datas, tanto a de início de cada etapa quanto à sua finalização. Coloque um *dead line*[11], isso é primordial.

_____

_____

_____

_____

---

[11] *Dead line* é uma expressão que significa "prazo final do qual não se pode passar. Último dia. Um momento que algo precisa estar pronto".

6. How (Como) Método – Como será feito? Cada etapa do processo poderá ser realizada de uma maneira diferente e é necessário que se saiba como fazer ou nunca será feito. Utilizando ainda o exemplo, a inscrição no curso será presencial, a forma de estudo poderá ser individual ou em grupo, as revisões individuais, bem como a realização da prova.

_____

_____

_____

_____

7. How much (Quanto) Custo – Quanto custará fazer? Muitos empreendem em algo e não terminam porque desprezam essa etapa no afã de conquistar logo o resultado. Se necessário, pesquise profundamente, levante todos os custos, você tem esta semana para isso. Estar bem preparado e posicionado o ajudará a chegar à vitória. Deve-se especificar o custo de cada etapa.

_____

_____

_____

ETAPAS	META					META			
	O que será feito?	Justificativa	Onde será feito?	Quem é o responsável	Como será feito?	Data de início da etapa	Data final da etapa	R$
1						__/__/__	__/__/__	R$ ___
2						__/__/__	__/__/__	R$ ___
3						__/__/__	__/__/__	R$ ___
4						__/__/__	__/__/__	R$ ___
5						__/__/__	__/__/__	R$ ___
6						__/__/__	__/__/__	R$ ___

Quando for do seu interesse, leitor, é possível retornar a essas mesmas perguntas para estruturar o plano de ação de outra meta. Você perceberá que é uma ferramenta muito útil assim que colocá-la em prática, e que auxilia muito na organização.

Lembre-se, uma decisão deve ser seguida de ação. Se não há ação é porque não houve decisão. Já se decidiu? Então, aja!

ACOMPANHAMENTO DA RESTAURAÇÃO PROFUNDA DOS RELACIONAMENTOS

Dando continuidade ao exercício do capítulo 4, vale lembrar que devemos investir contra o problema e não contra as pessoas. Não se preocupe em identificar culpados. Leia o que está escrito em Provérbios 15, verso 1.

"A resposta suave afasta a ira, mas palavras graves atiçam a raiva."

Sem olhar a avaliação realizada no capítulo anterior, para cada pergunta coloque a nova nota correspondente.

Nome	
Perguntas	3ª Avaliação
1. Minhas palavras e ações revelam amabilidade?	
2. Minha atitude é de perdoador?	
3. Cultivo tempo de qualidade?	
4. Tenho diálogo respeitoso com escuta empática?	
5. Mostro compreensão e ajo com flexibilidade?	
6. Ajo com cumplicidade e companheirismo?	
7. Dou feedback?	
8. Expresso gratidão?	
9. Minha transparência é adequada?	
10. Sou compassivo, paciente e sereno na relação?	
11. Intercedo pelo outro e profetizo na vida dele(a)?	
12. Ajo em cooperação mútua (Sinergia)?	

Compare agora com as notas preenchidas no final do capítulo 5. Que se pode deduzir ao comparar com a semana anterior? O que você nota? Escreva alguns ganhos que você teve por se dedicar a essa restauração.

Ganhos

_____

_____

_____

_____

_____

Agora, registre mais duas novas decisões de ações que você realizará nos próximos sete dias a fim de alcançar a sua meta.

Decisão 1

_____

_____

_____

_____

_____

Decisão 2

_____

_____

_____

_____

Você, leitor, a essa altura, deve estar bem próximo do seu alvo nessa restauração do relacionamento. No próximo capítulo será feito o último acompanhamento desse exercício. Tenha clareza de que suas ações o levarão à restauração. Esforça-te.

REPETIÇÃO DA AUTOAVALIAÇÃO

Para um acompanhamento do crescimento e daquilo que se deve dar mais atenção, repita a autoavaliação.

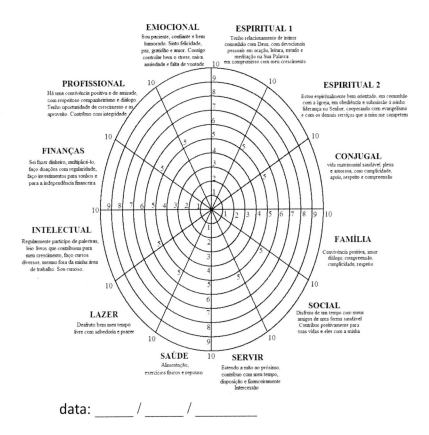

data: _____ / _____ / _____

Após reler o que escreveu sobre o significado de vida abundante em cada pilar no capítulo 3, compare agora essa autoavaliação com a inicial. O que você percebe? Escreva nas linhas a seguir seus ganhos em cada pilar.

Pilar Espiritual 1

_____

_____

_____

_____

_____

Pilar Espiritual 2

_____

_____

_____

_____

_____

Pilar Conjugal

_____

_____

_____

_____

_____

Pilar Família

_____

_____

_____

_____

_____

Pilar Social

_____
_____
_____
_____
_____

Pilar Servir

_____
_____
_____
_____
_____

Pilar Saúde

_____
_____
_____
_____
_____

Pilar Lazer

_____
_____
_____
_____
_____

Pilar Intelectual

_____
_____
_____
_____
_____

Pilar Finanças

_____
_____
_____
_____
_____

Pilar Profissional

_____
_____
_____
_____
_____

Pilar Emocional

_____
_____
_____
_____
_____

Se você, leitor, percebeu que em algum pilar não houve ganho, ou que piorou sua "nota", não se desespere, é tempo de ajuste. Lembre-se de que o objetivo é uma vida abundante. Siga em frente. Escreva a seguir duas ações que você realizará dentro dos próximos sete dias, ações que apoiarão a mudança necessária para alcançar suas metas. Se esse não for o caso, escreva duas ações que melhorarão ainda mais sua performance no pilar desejado. As ações podem ser para o mesmo pilar ou não. Você decide.

Ação que trará efeito positivo para o pilar

_____
_____
_____
_____

Ação que trará efeito positivo para o pilar

_____
_____
_____
_____

Aproveite o tempo e coloque as ações do seu plano de ação em execução, bem como as de restauração de relacionamento e as de melhoria da autoavaliação. Deixe o velho para trás. Revista-se do novo.

7

SESSÃO 6
ALIMENTANDO

"O homem não vive apenas de pão, mas de toda palavra que procede da boca do Senhor o homem viverá."

Deuteronômio 8.3b

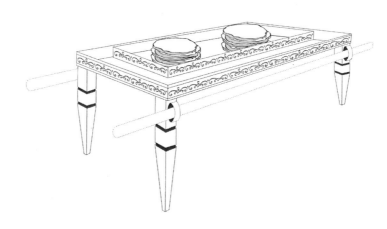

Conversa com o Leitor

APENAS UM HOMEM

Davi é reconhecidamente o maior rei que Israel já teve. Ainda jovem, foi ungido pelo profeta Samuel como rei (1Sm 16.12-13), aquele que ficaria em lugar do rei Saul, que fora o primeiro rei homem de Israel (1Sm 8 – 11), mas que foi rejeitado por Deus por causa de sua desobediência a Ele (1Sm 15.10-28).

Das histórias de Davi, duas são as mais conhecidas: uma de maravilhosa vitória, de como venceu Golias, o filisteu (1Sm 17); a outra de terrível derrota, seu adultério com Bate-Seba (2Sm 11), esposa de um soldado do exército de Davi, do qual nasceu um filho que logo faleceu.

Davi foi um campeão para Israel, dele foi dito que tinha um coração segundo o coração de Deus, em seu reinado venceu reinos invasores, tomava os despojos, trazia riquezas ao seu país, aumentava o seu domínio e crescia a paz em seu território ao longo dos quarenta anos que reinou.

Suas conquistas, como Davi bem sabia, ocorriam porque sempre se firmava na Palavra de YHWH, da qual não se apartava. Através da sua dedicação, Davi desenvolveu tanta intimidade com a Lei de Deus que instruiu na Palavra seu filho Salomão, dando-lhe subsídios para que escrevesse o livro de Provérbios (Pv 1.8). Davi foi capaz de escrever um hino sobre a Palavra, a saber, o Salmo 119, que se tornou o maior capítulo das Sagradas

Escrituras. Davi revelou que seu sucesso vinha de seu prazer na Lei do Senhor (Sl 1.2-3) e nela meditava dia e noite.

Davi, como qualquer um, era apenas um homem, passível de erros e enganos. Suas grandes conquistas ocorriam quando andava na direção de Deus e comunhão com Ele, tanto na família, como agia para a boa formação de Salomão, quanto no reino quando levava Israel à vitória. Quando seu coração não se inclinava aos princípios revelados por YHWH, terríveis consequências sobrevinham a ele, aos seus familiares e, às vezes, sobre o Reino de Israel. Uma de suas amargas derrotas foi provocada por não obedecer ao princípio de se levar à mesa seus filhos Absalão, Amnom e Tamar.

FORTALECENDO LAÇOS POR UMA PALAVRA

Até em dias atuais, os versículos 4 a 9 do capítulo 6 do livro de Deuteronômio são recitados pelos pais aos filhos, desde o nascimento do filho, texto bem conhecido pelo rei Davi.

> *"Ouve, ó Israel: O Senhor nosso Deus é o único Senhor. E amarás ao Senhor teu Deus com todo o teu coração, e com toda a tua alma, e com todas as suas forças. E estas palavras, que te ordeno neste dia, estarão no teu coração; e as ensinarás diligentemente a teus filhos, e falarás delas, quando te assentares em tua casa, e quando andares pelo caminho, e quando te deitares, e quando te levantares. E as levarás atadas como sinal em tua mão, e elas como testeiras entre os teus olhos, e as escreverás nos umbrais de tua casa e nas tuas portas."*

Aqui há uma instrução clara de que se deve ensinar os filhos acerca da Palavra de YHWH em quatro momentos, assentados em casa, pelo caminho, ao deitar e ao levantar.[12]

---

[12] N.A. Para os interessados em aprofundamento, há uma ministração do Pastor Wilson dos Santos, em DVD, com todos os quatro momentos, realizada na III Convenção Internacional INSEJEC, e pode ser adquirida na Palavra da Fé Produções.

Iremos nos atentar apenas para o primeiro momento, quando se está assentado em casa, o que normalmente se refere à mesa, durante uma refeição, um momento de comunhão comum entre os familiares que, por infelicidade, está se tornando raro na atualidade.

Um exemplo de sentar-se à mesa em família é a refeição memorial instituída na Páscoa; lembrada a cada ano como festa, os mais velhos contam aos jovens sobre a libertação de Israel quando eles estavam escravizados no Egito, todos ao redor da mesa. Na época, realmente era ao redor da mesa, pois ela tinha um pouco mais de um palmo de altura e as pessoas deitavam de lado ao redor dela, com as cabeças próximas à mesa e os pés longe.

Por outro lado, não se assentam à mesa aqueles que não estão em comunhão, a não ser que, pelo menos, desejem conversar e acertar o que for preciso. Sentar-se à mesa é um símbolo de aliança. Todos que faziam aliança sentavam-se à mesa para uma refeição de celebração desse pacto. A mesa é um lugar de participação. Quando esse ato falta às famílias há um enfraquecimento nos relacionamentos e, se nada for feito, podem-se sucumbir os laços familiares e até mesmo os de amizade.

Davi fez uma aliança com Jônatas, filho do rei Saul. Depois da morte de Jônatas e de Saul, ele trouxe para se assentar à sua mesa Mefibosete, filho de Jônatas, por causa da aliança que fizeram (2Sm 9.10).

Mefibosete, até ser trazido à presença do rei, vivia escondido, amedrontado, e em suas próprias palavras, se via como um cão morto (2Sm 9.8), pois em seu íntimo imaginava que Davi o queria morto; já que era descendente do rei que antecedeu a Davi, cria que ele havia de mandar matar todos que ameaçassem o trono por ter grau de parentesco com Saul. O rei Davi restaurou a vida de Mefibosete trazendo-o para a sua mesa, e, também, concedeu a ele todas as terras e servos que eram de sua família (2Sm 9.9).

Essa restauração, com consequente desenvolvimento de um bom relacionamento entre Davi e Mefibosete, deu-se porque o rei respeitou a aliança que tinha feito com Jônatas e pelos anos seguidos que estiveram juntos à mesa. Estarem juntos à mesa trouxe cura a Mefibosete, restauração completa de sua vida e comunhão entre o rei e o filho de Jônatas.

ENFRAQUECENDO LAÇOS POR FALTA DE UMA PALAVRA

O rei Davi tinha muitas esposas e filhos, entre eles Absalão e Tamar, filhos de sua esposa Maaca, e também Amnom, filho de sua esposa Ainoã.

Amnom ficou apaixonado por sua meia-irmã Tamar e realizou um estratagema para tê-la em seu quarto na ausência de familiares e servos. Nessa ocasião, Amnom forçou Tamar a ter relações com ele e, a seguir, teve um sentimento de forte aversão por ela, e a expulsa de seu quarto deixando-a só e humilhada dentro do palácio (2Sm 13.1-18).

Envergonhada, desolada e desonrada, Tamar não consegue se abrir com o pai e encontra consolo em seu irmão Absalão, que a escuta e a ampara. Tempos depois o rei Davi fica sabendo do ocorrido e fica irado (2Sm 13.19-21), afinal, quem cometia esse tipo de pecado era punido (Lv 20.17).

> *"E se um homem tomar a sua irmã, filha de seu pai,*
> *ou filha de sua mãe, e vir a nudez dela, e ela vir a sua,*
> *isto é uma coisa perversa, eles serão cortados aos*
> *olhos do seu povo; ele descobriu a nudez de sua irmã;*
> *ele levará a sua iniquidade."*

Agora, com o conhecimento do pai, sentados à mesa, Absalão espera uma palavra de repreensão do rei contra Amnom, mas isso não aconteceu. Dia após dia, sentados à mesa, Davi não repreende seu filho Amnom. Absalão espera. Um ano se passa e não houve solução para o caso de Tamar. O rei se calou.

Dois anos se passaram desde o fato, e Absalão desistiu de ver do pai uma atitude, desenvolvendo um ódio pelo irmão Amnom. Já que na casa de seu pai não houve uma refeição segundo Deuteronômio 6, Absalão promove uma refeição para que seu pai e seus irmãos se sentem juntos à mesa e ele tenha a oportunidade de ver a situação de sua irmã resolvida, mas o rei recusou-se a ir (2Sm 13.23-27).

Durante essa refeição, quando Amnom já havia bebido muito, tendo Absalão ordenado a seus servos que matassem a Amnom, o crime foi cometido. Vendo isso, todos os filhos do rei fugiram (2Sm 13.28-29). Absalão também foge. Temendo a ira do rei, seu pai, segue para Gesur onde fica três anos como foragido (2Sm 13.38).

Nesse período que Absalão fica em Gesur, Davi o persegue como alguém que caça um inimigo do reino, não como alguém que procura um filho que errou e tenta restaurá-lo. O mesmo Davi que deu boas palavras e assento à sua mesa para Mefibosete, agora busca seu filho para destruí-lo. Quanta contradição! O que poderia ter sido evitado se houvesse um verdadeiro sentar à mesa!

Depois de cinco anos desde o fato ocorrido com Tamar, finalmente Absalão retorna à Jerusalém com a permissão do rei, mas foi proibido entrar na presença de seu pai (2Sm 14.21-24). Morou por dois anos ao lado do pai, mas não podia vê-lo. Assim, Absalão suplica que seu pai o veja, mesmo que seja para repreendê-lo, mesmo matá-lo, clamava que algo fosse feito. Já se passavam sete anos que a angústia dominava Absalão por causa do silêncio do pai.

Finalmente Davi aceita recebê-lo no palácio. Quando Absalão chegou à presença de seu pai, Davi lhe dá um beijo no rosto e o dispensa (2Sm 14.33). Nada de conversa, nem uma palavra, nem mesmo de repreensão. Naquele momento Davi era para Absalão um rei, não mais o tinha como referência de pai. Havia desistido.

Revoltado, a partir da angústia do seu coração, Absalão inicia um projeto ardiloso; começa a ouvir do povo as suas queixas com a promessa de atendê-los, já que o rei não tinha sequer ouvidos para o filho. Absalão rouba-lhes o coração e seu desejo agora é usurpar o trono de Davi (2Sm 15.1-6). Essa forma de agir perdurou por quatro anos e Davi não tomou qualquer atitude a respeito.

Por fim, como consequência de seu silêncio à mesa com seus filhos, pela falta de limites e instrução, Davi se vê obrigado a guerrear contra o próprio filho que se fez rei em Hebrom (2Sm 15.9-13), cidade cerca de 28 km ao sul de Jerusalém. Como término dessa sequência de episódios sombrios, Absalão é morto (2Sm 18.14-15). Ao final de 11 anos, Davi teve seus filhos Amnom e Absalão mortos e uma filha fisicamente desonrada e emocionalmente abandonada, ferida e humilhada. Custou-lhe caro o silêncio à mesa.

A MESA DOS PÃES DA PRESENÇA

Moisés estava no Monte Sinai adorando, quando de Deus recebeu a descrição do que o povo devia ofertar e para que seriam utilizadas as ofertas, a saber, para construir a Tenda do Encontro e cada um de seus utensílios (Êx 24 – 38).

Dentre os utensílios, os colocados no Santo Lugar seriam a mesa dos pães da presença, o altar do incenso e o candeeiro de ouro (Êx 26.35).

Como as tábuas que formariam as paredes do Tabernáculo, de madeira de acácia revestida de ouro, seria a mesa a ser colocada no Santo Lugar (Êx 25.23-28).

> *"Farás também uma mesa de madeira de acácia; dois côvados será o eu comprimento, e um côvado a sua largura, e um côvado e meio a sua altura. E a revestirás de ouro puro, e lhe farás uma coroa a de ouro ao redor. E lhe farás uma borda ao redor da largura de uma mão, e farás uma coroa de ouro ao*

redor da borda. E lhe farás quatro argolas de ouro, e colocarás as argolas nos quatro cantos que estão nos seus quatro pés. Defronte das bordas estarão as argolas, como lugares para as varas, para carregar a mesa. E farás as varas de madeira de acácia, e as revestirás com ouro, para que a mesa seja carregada com elas."

A questão de ser a mesa de madeira de acácia e revestida de ouro encontramos o mesmo significado aqui e no capítulo anterior. As argolas de ouro são símbolo da eternidade da natureza divina e os pés falam da jornada do homem aqui na terra. Esses itens serão abordados no último capítulo.

As mesas naquela época, e ainda por muitos séculos, que eram usadas para se colocar alimentos para as refeições, na cultura judaica, tinham cerca de 30 centímetros de altura. As pessoas se deitavam de lado com a cabeça próxima à mesa e os pés ao longe. Uma pessoa ficava de lado atrás de outra que estava na mesma posição, todos em volta da mesa.

Na cultura romana havia o triclínio, outros tipos de mesa havia nas culturas egípcia e grega, todas de baixa estatura, nenhuma como a descrita para estar no Santo Lugar. A mesa que Deus mandou fazer tinha altura suficiente para alguém se assentar a ela, assim como as nossas na atualidade, ainda que os sacerdotes no Santo Lugar não se assentassem; estariam ali para servir e ficar na presença do Senhor.

Com um design diferenciado para a época, YHWH dá instruções para a feitura de uma mesa retangular com um côvado e meio de altura, ou seja, de setenta centímetros de altura, como são as nossas modernas mesas para refeições em família. Além disso, o formato da mesa retangular com quatro pés, tais como são as nossas hoje, era excepcionalmente incomum naqueles dias.

Outros dois objetos no Tabernáculo tinham alturas semelhantes à da mesa, a grelha do altar de bronze, que ficava no átrio externo, e a Arca da Aliança, que ficava no Santo dos Santos.

Isso indica que no átrio externo, no Santo Lugar e no Santo dos Santos, por Deus foi estabelecido um padrão único de santidade para se estar em Sua presença e servi-Lo. Deus é um e imutável, indiferentemente do lugar ou de quem esteja em Sua presença.

Sobre essa mesa eram colocados 12 pães assados, primariamente representando as doze tribos israelitas. Ser assado figura as dificuldades encontradas e vencidas. Os pães eram feitos da flor de farinha, uma farinha finíssima, livre de impurezas, e os pães eram postos em duas filas de seis cada uma (Lv 24.5-6 - ARA).

> *"Também tomarás da flor de farinha e dela cozerás doze pães, cada um dos quais será de duas dízimas de um efa. E os porás em duas fileiras, seis em cada fileira, sobre a mesa de ouro puro, perante o Senhor."*

No dia em que o sacerdote era ungido, ele faria uma oferta ao Senhor (Lv 6.20). Essa oferta continha uma dízima de um efa de farinha, como nas ofertas de cereais que o povo apresentava a Deus (Lv 2.1) e na mesma quantidade que o maná, alimento dado por Deus ao povo hebreu enquanto peregrinavam no deserto por 40 anos antes de adentrarem na terra prometida (Êx 16.22,35).

Observando o texto bíblico de Levíticos, cada pão colocado sobre a mesa de ouro correspondia a uma porção dupla, ou seja, duas dízimas de um efa de farinha. O pão que Deus dava ao sacerdote para comer era o dobro do que o sacerdote oferecia a Deus no dia da sua consagração. Como ocorria às sextas-feiras, para que o povo descansasse no sábado, a porção de maná para cada um era dupla (Êx 16.5). Como é maravilhoso ver que YHWH é benigno e de grande liberalidade para com Seus filhos!

Esses pães não tinham fermento em sua composição, pois fermento é símbolo de impureza e de pecado, algo inadmissível de se estar dentro do Tabernáculo. Mais uma vez Deus indicava ao sacerdote que ali se adentrava que a Ele se devia toda santidade, pureza e consagração. Em todo lugar, a todo momento, Deus quer nos revelar princípios importantes para nossa vida, e Ele usou o Tabernáculo como meio para ensinar. Esses princípios aprendidos se tornam alimento para nossa vida de forma integral, ou seja, alimento para o espírito, alma e corpo.

Todos os pães tinham igual tamanho e formato. Isso nos indica que, para Deus, apesar de as tribos terem números diferentes de pessoas e territórios em dimensões distintas, à mesa dEle, diante de Seus olhos, à Sua Presença, não havia diferença entre as tribos. Deus não faz acepção de pessoas! (Dt 10.17, Dt 16.19).

Sobre os pães era colocado incenso puro (Lv 24.7).

> "E colocarás incenso puro sobre cada fileira, que será sobre o pão por memorial; uma oferta feita por fogo ao Senhor."

O incenso era de uma composição determinada por Deus e não podia ser feito para outro fim (Êx 30.34-35,37). O incenso queimado sobre os pães representava a oração de gratidão pelo pão. Mais detalhes serão vistos sobre o incenso no capítulo 9, quando teremos a oportunidade de descrever o altar do incenso.

Os pães eram trocados a cada sábado, e os removidos deveriam ser comidos apenas pelos sacerdotes (Lv 24.9). Dessa forma, os pães eram sempre renovados à mesa, o que prefigura o cuidado divino de sustento contínuo e provisão total para as famílias.

> "E será de Arão e de seus filhos, e eles comerão no lugar santo, porque coisa santíssima é para ele, das ofertas ao Senhor feitas por fogo, por estatuto eterno."

Infelizmente é possível colocar à mesa pães inadequados, como aconteceu com Davi e seus filhos Absalão, Amnom e Tamar. Será que temos servido esse tipo de pão em nossas mesas para nós e para os nossos familiares? Se servimos "pães imundos" em nossas mesas estamos servindo alimento impuro, que não estaria em conformidade com as instruções dadas por Deus. Os sacerdotes que assim procederam tiveram seus comportamentos condenados, conforme se lê em Malaquias, capítulo 1, verso 7.

> *"Ofereceis pão profano sobre o meu altar, e dizeis: Em que te havemos profanado? Nisto dizeis: A mesa do Senhor é desprezível."*

Agir dessa forma é desprezar a mesa do Senhor, como Davi fez. Quando não trazemos o pão da Presença de YHWH para as nossas mesas estamos agindo como esses sacerdotes que foram repreendidos por Deus. Estaríamos replicando em nossos lares o que Davi fez?

Estar à mesa de uma forma santa e digna é exemplificado pelo modo como os judeus fazem na Páscoa quando obedecem às instruções dadas por Deus a Moisés. A Páscoa ocorre com uma refeição em família, podendo ter a presença de amigos, assentados em casa, com os adultos compartilhando com os mais jovens o livramento que Deus havia operado para redimir Seu povo das mãos dos egípcios. Essa instrução sobre a Páscoa está de acordo com os versos de Deuteronômio, capítulo 6, visto neste capítulo. Não há melhor lugar para se fazer isso do que assentados à volta da mesa!

Por meio desse novo modelo e conceito de mesa, de formato e altura para que estivessem sentados à volta, Deus estabelece um princípio: Ele desejava que Israel aprendesse e desfrutasse sentar-se à mesa em família, princípio esse que, se obedecido, traz união, cura, perdão, prosperidade e a presença de Deus para dentro do lar, como ocorreu com Mefibosete.

Outra maneira de Deus se revelar aos homens, bem como a Sua vontade, é por meio de Seus mais de setenta nomes registrados nas Escrituras. Ele se revela como *Elohim* em Gênesis 1, o Deus criador, YHWH *Shalom* em Juízes 6, o Deus nossa paz, YHWH *Rapha* em Êxodos 15, o Deus que nos sara, YHWH *Makadesh* em Levítico 20, o Deus que nos santifica, o *El-Guibor* em Isaías 9, o Deus Poderoso. Em particular, a Abraão Ele se revelou como o *El-Shaddai* em Gênesis 17, o Deus Todo Poderoso que cuida de nós, nos protege, nutre e sustenta. A figura que melhor representaria essa ideia é a da mãe que envolve carinhosamente em seus braços seu bebê enquanto ela o amamenta.

Assim como o pão nos alimenta, nutre e fortalece para o trabalho diário a fim de satisfazermos nossas necessidades, sempre que Deus se apresentava como o *El-Shaddai*, Ele falava sobre provisão, multiplicação e proteção para que se tivesse bom termo quando enfrentassem adversidades (Gn 28.3, Gn 35.11, Gn 43.14, Gn 49.25, Êx 6:3, Jó 33.4). Em contrapartida, *El-Shaddai* exigia integridade (santidade, pureza e consagração) enquanto Ele oferecia ao homem o ter comunhão com Sua Presença (Gn 17.1).

> "E quando Abrão era da idade de noventa e nove anos, o Senhor apareceu a Abrão, e lhe disse: Eu sou o Deus Todo-Poderoso (El-Shaddai); anda diante de mim, e sê perfeito (seja íntegro – em outras versões)."

Devi Titus, autora do livro *A Experiência da Mesa – O Segredo Para Criar Relacionamentos Profundos*, escreveu: "*Quando fazemos nossa parte e nos assentamos à mesa, seja com familiares e amigos, seja a sós, o Pão da Presença se encontra conosco e atua em nosso coração*" (TITUS, 2013, p. 45).

Sempre está nos planos de Deus oferecer recursos aos Seus filhos. Desfrute de Sua presença com inteireza de coração e você receberá, naturalmente, instrumentos necessários para uma família e uma vida saudável.

NUTRINDO RELACIONAMENTOS

Para a meta de Deus, que era de levar o homem à Sua presença em comunhão com Ele, o *El Shaddai* providenciou o acolhimento necessário e a nutrição do relacionamento.

O exercício desta semana é bastante simples, mas muito enriquecedor, consiste em sentar-se à mesa com alguém que se deseja refinar o relacionamento.

Escreva o nome da pessoa que será a sua convidada.
_____

Quando, nesta semana, será realizada essa refeição?
_____

Qual local escolhido para este momento de comunhão?
_____

Qual resultado você quer obter ao final deste sentar-se à mesa?
_____

Quais ações você fará para obter esse resultado?

Ação 1
_____

Ação 2
_____

Ação 3
_____

Ação 4
_____

Excelente! Sei que você já percebe a diferença em seu cotidiano enquanto realiza os exercícios de *coaching*.

ACOMPANHAMENTO DA RESTAURAÇÃO PROFUNDA DOS RELACIONAMENTOS

Esta é a última avaliação do exercício de restauração profunda de relacionamentos iniciada no capítulo 4. Deixo registradas as palavras de Rick Warren (2016, p. 182): *"Enfatize a reconciliação, não a solução. É ilusão esperar que todos concordem a respeito de tudo. A reconciliação atém-se ao relacionamento, enquanto a solução está vinculada ao problema. Quando focalizamos a reconciliação, o problema perde a importância e não raro se torna irrelevante".*

Nome	
Perguntas	4ª Avaliação
1. Minhas palavras e ações revelam amabilidade?	
2. Minha atitude é de perdoador?	
3. Cultivo tempo de qualidade?	
4. Tenho diálogo respeitoso com escuta empática?	
5. Mostro compreensão e ajo com flexibilidade?	
6. Ajo com cumplicidade e companheirismo?	
7. Dou feedback?	
8. Expresso gratidão?	
9. Minha transparência é adequada?	
10. Sou compassivo, paciente e sereno na relação?	
11. Intercedo pelo outro e profetizo na vida dele(a)?	
12. Ajo em cooperação mútua (Sinergia)?	

Escreva seus ganhos por ter feito esse exercício com tanto empenho. Se desejar, escreva outras duas decisões para realizar nos próximos sete dias, a fim de aprimorar ainda mais o relacionamento. A decisão é sua!

Meus Ganhos

___

Decisão 1

___

Decisão 2

___

Certamente mostrar-se grato por tudo o que tem conquistado e por tudo o que já obteve na vida é muitíssimo importante, além de trazer saúde para a alma e para o corpo. A demonstração de gratidão é um gatilho para a alegria (Sl 30.11-12).

Escreva, pelo menos, doze motivos pelos quais você se sente grato.

1. Eu sou grato por

_____

2. Eu sou grato por

_____

3. Eu sou grato por

_____

4. Eu sou grato por

_____

5. Eu sou grato por

_____

6. Eu sou grato por

_____

7. Eu sou grato por

_____

8. Eu sou grato por

_____

9. Eu sou grato por

_____

10. Eu sou grato por

_____

11. Eu sou grato por

_____

12. Eu sou grato por

_____

    Por fim, lembre-se de verificar o andamento do seu plano de ação realizado no capítulo 6 e realize as ações necessárias para o seu próprio êxito.

SESSÃO 7
A LUZ DA MENORÁ

*"Pois o mandamento é uma lâmpada,
a lei é luz, e as repreensões da instrução
são o caminho da vida"*

Provérbios 6.23

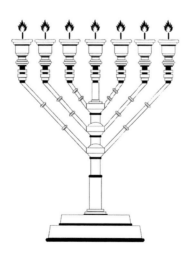

Conversa com o Leitor

LEVADOS CATIVOS

Quando o povo de Israel, na época de Josué, entrava na terra de Canaã para conquistá-la, tinham eles recebido diversas recomendações, uma delas com respeito à terra e ao seu cultivo. Assim como ocorria com o maná, que no sexto dia a porção vinha dobrada e no sábado (*shabat*) era descanso e ninguém devia procurar o maná, a terra deveria descansar um ano a cada sete anos (Lv 25.2-6).

> *"Fala aos filhos de Israel, e dize-lhes: Quando entrardes na terra que vos dou, então, a terra guardará um shabat ao Senhor. Seis anos semearás o teu campo, e seis anos podarás a tua vinha, e colherás os seus frutos; mas, no sétimo ano, haverá um shabat de descanso para a terra, um shabat ao Senhor; tu não semearás o teu campo, nem podarás a tua vinha. Não ceifarás o que nascer espontaneamente depois da tua colheita, não colherás as uvas de tua vinha descoberta, porque este será o ano de descanso para a terra. E o shabat da terra será alimento para vós, para ti, para o teu servo, para tua serva, para o teu servo contratado, e para o estrangeiro que peregrina contigo".*

Infelizmente, por cerca de 490 anos, Israel não obedeceu a essa ordem e Deus levantou o profeta Jeremias para anunciar a Sua palavra (Jr 25.8,11-12). Era o primeiro ano do rei Nabucodonosor na Babilônia, rei dos caldeus.

> *"Portanto, assim diz o Senhor dos Exércitos: Porque vós não ouvistes minhas palavras; e esta terra inteira será uma desolação, e um assombro. E estas nações servirão ao rei de Babilônia por setenta anos.*
>
> *E acontecerá que, quando setenta anos forem completados, que eu punirei o rei de Babilônia, e aquela nação, diz o Senhor, pela sua iniquidade, e a da terra dos caldeus, e a farei desolações perpétuas."*

Por que setenta anos? Em 490 anos a terra não teve seu devido descanso e, nesse período, a terra deveria ter tido o seu sábado de anos setenta vezes. Uma profecia pode trazer tanto exortação, quanto edificação e consolo. Em particular, essa profecia dada por Jeremias, além da exortação, trazia um consolo, a nação babilônica seria julgada por YHWH, e o povo de Israel voltaria à sua terra (Jr 29.10).

Conforme as palavras proferidas por Jeremias, Israel foi levado cativo para a Babilônia, entre os anos 606 a.C. e 586 a.C., e tiveram sua terra saqueada e o Templo, que Salomão construíra para YWHW, destruído. Dentre os exilados havia um jovem chamado Daniel, que seria reconhecido por Nabucodonosor como alguém que servia o Deus Altíssimo e que tinha a sabedoria concedida por seu Deus.

Daniel, para Nabucodonosor, tornou-se administrador na Babilônia e, para Deus, seu instrumento para proclamar a vontade de YHWH e gerar, por meio de oração, o cumprimento da promessa, a saber, o retorno de Israel a sua terra ao final dos setenta anos de cativeiro (Dn 9.1-3).

> *"No primeiro ano de Dario, o filho de Assuero, da semente dos medos, o qual foi feito rei sobre o reino dos Caldeus; no primeiro ano do seu reinado, eu, Daniel, entendi pelos livros que o número dos anos, a respeito dos quais a palavra do Senhor veio ao*

> *profeta Jeremias, era de setenta anos, quando se completariam as desolações de Jerusalém. E coloquei a minha face diante do Senhor Deus, para buscá-lo com oração e súplicas, com jejum, e vestimenta de pano de saco e cinzas."*

O reino da Babilônia sucumbiu ao poder dos Medos e dos Persas no ano de 536 a.C., como YHWH havia pronunciado por Jeremias. Os setenta anos se passaram e Daniel se posicionou diante de seu Senhor e suplicou o cumprimento da promessa, confessando a Deus os pecados de seu povo. O resultado da ação de Daniel foi Ciro, rei dos Persas, decretar uma autorização para que os judeus retornassem à terra de Judá, a Jerusalém, e que poderiam reconstruir o Templo destruído pelos caldeus (2Cr 36.21-23).

> *"Para se cumprir a palavra do Senhor, pela boca de Jeremias, até que a terra houvesse desfrutado os seus shabats, pois enquanto ela jazia desolada, guardava os shabats, para cumprir os setenta anos.*
>
> *Ora, no primeiro ano de Ciro, rei da Pérsia, para que se cumprisse a palavra do Senhor falada pela boca de Jeremias, o Senhor suscitou o espírito de Ciro, rei da Pérsia, para que ele fizesse uma proclamação ao longo de todo o seu reino, e a pôs também por escrito, dizendo: Assim diz Ciro, rei da Pérsia: O Senhor Deus do céu tem me concedido todos os reinos da terra; e ele me encarregou de edificar-lhe uma casa em Jerusalém, que está em Judá. Quem há entre vós, de todo o seu povo? O Senhor seu Deus seja com ele, e deixa-o subir."*

NÃO POR FORÇA, NEM POR VIOLÊNCIA

A instrução dada por Deus acerca da terra não foi obedecida e Israel sofreu o cativeiro babilônico. Sem guerra, sem o levantar de uma arma sequer, o povo se viu livre do cativeiro; tudo foi operado por YHWH Tsaba'ot, o Senhor dos Exércitos, como aconteceu na libertação do cativeiro egípcio e na experiência do rei Josafá descrito no capítulo 6.

Zacarias, um profeta de família sacerdotal, nascido na Babilônia, teve seu ministério na época do pós-exílio babilônico, mesma época que Ageu, profeta que tinha a incumbência de despertar o povo para reconstruir o Templo.

Por ocasião da repatriação outorgada por Ciro, Zacarias foi para Israel e estimulava o povo que retornara à terra prometida a restaurar o Templo e proclamava mensagens de esperança. O povo, que agora chegava a Israel, preocupava-se em edificar suas próprias casas e negócios. Zacarias e Ageu alertavam o povo que buscassem também a restauração espiritual de suas casas, de suas vidas. Reedificar o Templo significava trazer a presença do Soberano de volta a Jerusalém (Zc 2.4-5,10-11).

> *"Jerusalém será habitada como as aldeias sem muros por causa da multidão de homens e gados que nela haverá. Pois eu, diz o Senhor, serei para ela um muro de fogo em redor, e serei a sua glória no meio dela.*
>
> *Canta e alegra-te, ó filha de Sião, porque eis que venho, e habitarei no meio de ti, diz o Senhor. E muitas nações se unirão ao Senhor naquele dia, e serão o meu povo; e habitarei no meio de ti, e saberás que o Senhor dos Exércitos me enviou a ti."*

O profeta sacerdote, em suas profecias e visões, falava da história espiritual de Israel após esse retorno da terra dos caldeus. Sua mensagem centralizava-se no Messias, o enviado de Deus que restauraria o povo hebreu, aquele que seria da descendência de Davi, conforme a promessa de Deus em aliança com Davi.

A palavra habitar nesses versículos anteriores, de raiz hebraica *shekiná*, significa presença permanente do Senhor na terra, isso se daria como cumprimento da aliança abraâmica no governo do Messias, congregando até mesmo os não judeus, proporcionado pela remoção da iniquidade desta terra, num só dia, obra do Renovo, obra do Messias (Zc 3.9b).

Nessa época Zorobabel era o governador de Judá estabelecido por Dario. Durante vinte anos, via seus esforços de reedificar o Templo frustrados, mesmo com a ajuda de Ageu e de Zacarias. Não via sua meta se cumprindo. A meta de Zorobabel tinha vindo de Deus, então, o que ocorria e por que não era próspero em sua meta? O que lhe faltava era entender que YHWH era suficiente para qualquer tarefa designada por Ele mesmo (Zc 4.6).

> "Então ele respondeu e falou-me, dizendo: Esta é a palavra do Senhor a Zorobabel, dizendo: Não por força, nem por poder, mas pelo meu Espírito, diz o Senhor dos Exércitos."

Desde o início, a intenção de YHWH era fazer de Israel uma nação sacerdotal e santa (Êx 19.6). A restauração do Templo, ou melhor, da vida espiritual do povo hebreu com Deus, era parte integrante dessa meta. Deus queria um cumprimento cabal de Sua intenção para com o Seu povo, e isso incluía arrebanhar os não judeus para dentro de Sua Aliança já firmada com Israel. Nas palavras citadas por Zacarias, o Senhor indica que isso só poderia ser feito por Ele mesmo, por meio do seu Espírito. Aquilo que é obstáculo ao homem para cumprir a vontade do Pai, o Espírito Santo supre com Seu poder. A carne falha, Deus não.

Após seguirem essa palavra de orientação conseguiram terminar a restauração do Templo.

O CANDEEIRO

Do lado oposto à mesa dos pães da Presença, no lado sul do Lugar Santo, foi colocado uma menorá. Menorá é um objeto para iluminar ambientes, tais como candeeiros e castiçais. É curioso que a letra inicial de cada palavra, em hebraico, na frase "não por força, nem por poder, mas pelo meu Espírito, diz o Senhor dos exércitos" forma um acróstico, a saber, MENORÁ.

O candeeiro é formado por tubos ocos onde se coloca o óleo e na ponta de cada tubo um pavio. O castiçal é usado para se colocar velas. A menorá no Santos era um candeeiro de ouro puro. Mais uma vez, o ouro aqui fala da natureza divina (Êx 25.31-32,37 - ARA).

> "Farás também um candeeiro de OURO PURO; de ouro batido se fará este candeeiro; o seu pedestal, a sua hástea, os seus cálices, as suas maçanetas e as suas flores formarão com ele UMA SÓ PEÇA. SEIS hásteas sairão dos seus lados: três de um lado e três do outro. Também lhe farás SETE LÂMPADAS, as quais se acenderão para alumiar defronte dele."

No átrio externo, a luz natural do sol iluminava o altar do holocausto e a pia de bronze, mas dentro do Santos a única luz percebida era emitida das sete lâmpadas do candeeiro. A luz natural não estava presente nos Santos. As dimensões da menorá não foram especificadas a Moisés, apenas o peso, que era de um talento, trinta e cinco quilos, alusão que não se mede por tamanho a luz de Deus, mas por seu peso.

O número sete na Bíblia fala de perfeição, outro atributo da divindade. Há sete lâmpadas no candeeiro, ou seja, no Santo Lugar, apenas YHWH é aquele que ilumina de forma perfeita, não há lugar para outra luz, outra luz é inadequada para esse ambiente tão santo, aqui o natural deve ser deixado de lado, pois coisas espirituais se discernem espiritualmente (1Co 2.14; Ez 22.26; Is 55.8-9).

O número seis na Bíblia representa a humanidade. As seis hásteas ligadas à hástea central representam que os homens devem estar ligados a Deus, que é o centro (hástea central), e por essa hástea são sustentados. Como também são feitas de ouro, esses homens compartilharão do que é santo, perfeito e puro em suas vidas se permanecerem ligados a Deus. Vale lembrar que para o ouro bruto se tornar uma peça qualquer deve ele passar pelo fogo e ser purificado, ficar maleável pelas altas temperaturas e finalmente assim poder ser moldado pelo artesão.

Tudo devia formar uma só peça, ser membros de um mesmo corpo completo, base, hásteas, lâmpadas, tudo. Aprendemos com isso que os homens refinados como ouro permanecem ligados entre si através da hástea central e assim devem viver (At 17.28; Ef 4.25b).

Diariamente quando o sacerdote entrava no Santo Lugar para reabastecer de óleo a menorá somente a lâmpada central estava acesa, as outras já se haviam apagado ao longo do dia quer por falta de óleo ou por questões de um pavio não mais adequado. O sacerdote limpava as seis lâmpadas laterais e usava a luz da lâmpada central para acender as outras seis[13] (Lv 24.1-4).

> *"E o Senhor falou a Moisés, dizendo: Ordena aos filhos de Israel que eles te tragam óleo puro de oliveira, batido, para a luminária, para fazer com que as lâmpadas queimem continuamente. Fora do véu do testemunho, no tabernáculo da congregação, Arão as porá em ordem perante o Senhor continuamente, desde a tarde até a manhã; isto será um estatuto eterno pelas vossas gerações. Ele colocará as lâmpadas em ordem sobre o castiçal puro, perante o Senhor continuamente."*

A luz contínua fala da presença permanente de Deus como vimos na primeira parte deste capítulo, é o habitar (*shekiná*). O azeite puro de oliva, o combustível para as lâmpadas, é figura do Espírito Santo de Deus. Pela primeira vez no Tabernáculo há uma simbologia direta ao *Ruach Hakodesh*, o Espírito Santo. Isso tipifica que o homem, para ter sua vida iluminada e, consequentemente iluminar o mundo com a mensagem de Deus, necessita do Espírito Santo e, mais uma vez, precisa estar ligado à hástea central para conseguir isso. Se assim proceder, para resolver as

---

[13] Informações obtidas em: http://pt.chabad.org/library/article_cdo/aid/913191/jewish/Como-a-Menor-era-Preparada-para-o-Acendimento.htm. Acesso em: 12 mar. 2017.

adversidades da vida não precisará recorrer à força nem ao poder, aprenderá receber luz do Espírito de YHWH Tsaba'ot.

Percebemos que YHWH queria ensinar através da menorá que dEle depende todos os homens para ter direção diária e luz continuamente com tratamento adequado para todo seu ser; espírito, alma e corpo. Essa direção e luz vêm de Sua Palavra e de Seus Mandamentos com o auxílio do Espírito Santo para descortinar Suas verdades nos corações dos homens (Sl 119.105).

"Tua palavra é uma lâmpada para os meus pés, e luz para o meu caminho."

COMUNICAÇÃO, PENSAMENTO, SENTIMENTO E CRENÇAS

Quando luz vem sobre uma questão e tudo se esclarece é mais fácil resolver qualquer impasse, com segurança toma-se decisões.

Ao término do próximo exercício de *coaching* espera-se que um resultado fraco e insuficiente qualquer que esteja ocorrendo em um dos seus doze pilares da autoavaliação seja neutralizado e substituído por um forte e satisfatório.

Leitor, é provável que, enquanto lia o parágrafo anterior, já tenha se lembrado de um resultado do qual você deseja eliminar. Pode ser que você pretenda alterar reações emocionais que prejudicam seu convívio familiar e profissional, ou ainda alterar resultados acadêmicos num futuro próximo, ou comportamentos inadequados de procrastinação, falta de pontualidade, linguagem inapropriada, desorganização ou maledicência. Pode pretender, com esse exercício, tanto coisas de aspectos tangíveis como de aspectos abstratos.

Qualquer reação a situações da vida, favorável ou desfavorável, vem manifestada através de uma comunicação nossa, tanto verbal quanto não verbal. A comunicação verbal é de fácil percepção e avaliação. Para conhecermos nossa comunicação não verbal precisamos prestar atenção na nossa postura, na fisiologia, nas feições faciais. É mais difícil, mas não é impossível, nem mesmo improvável. Na verdade, esse é o tipo de comunicação na qual mais devemos prestar atenção.

Acompanhando nossa comunicação sempre há pensamentos correlacionados. Como se pode perceber, os pensamentos estarão alinhados com a comunicação quando se analisa uma situação qualquer. Quando comunicamos alegria, satisfação e gratidão nossos pensamentos são de alegria, satisfação e gratidão, concorda? Por outro lado, se comunicamos raiva e furor pela postura, pelas feições ou palavras proferidas, os pensamentos acompanham essa comunicação destruidora, tóxica e ineficaz. É assim que acontece com você, leitor, ou só com os outros?

Os pensamentos se manifestam de duas formas, a saber, por diálogos internos e por imagens internas. Muitas vezes esses diálogos são fantasiosos, como se você estivesse diante da pessoa que precisa conversar, tanto para o caso bom quanto para o ruim. Às vezes, esses diálogos são repetições da conversa que ocorreu. Quando a conversa foi satisfatória esse diálogo interno trará imagens internas satisfatórias do momento. Quando esse diálogo interno representa palavras duras, invejosas, ferinas, repugnantes e limitantes, as imagens internas que acompanharão serão da mesma qualidade.

Presos em um pensamento, o sentimento brotará vívido. Mais uma vez, se o pensamento do ocorrido imaginado ou real for de alegria, satisfação e gratidão as emoções borbulhantes serão de alegria, satisfação e gratidão. No entanto, se o pensamento é de luta, conflito, raiva ou tristeza, as emoções também hão de acompanhar essa situação mental. As emoções não identificadas e questionadas por você podem te levar a um estado de ânimo duradouro, seja de euforia, de melancolia ou de irritação. Tudo se alinha no nosso ser como mostra o Salmo 38, versículo 6 (versão ARA).

> "Sinto-me encurvado e sobremodo abatido, ando de luto o dia todo".

O que pensa alguém que se sente de luto o dia todo? O encurvado fala da comunicação não verbal que acompanha o sentimento de abatimento. Pior ainda, o salmista crê que está de luto emocional por causa de sua situação, se vê de luto e, por isso, sua comunicação é de alguém enlutado.

A neurociência já demostrou que se um sentimento perdura, bom ou ruim, ele altera os caminhos neurais do cérebro. Usando de uma metáfora, vamos imaginar que um caminho neural recém-estabelecido por um sentimento de inadequação é uma estrada de terra. Se esse sentimento perdurar e se repetir, esse caminho será asfaltado. Infelizmente a mesma situação que levou essa pessoa a se sentir inadequada se repete várias vezes, contribuindo para aquela estrada virar uma pavimentação de duas pistas, três pistas, quatro pistas. Toda sinapse estabelecida, esse circuito neural formado, torna-se uma crença na vida da pessoa. Com essa metáfora percebemos que crenças têm diferentes níveis de força estabelecida.

Crença aqui não é fé, é caminho neural estabelecido, uma sinapse formada sobre determinado assunto qualquer. A crença formada em um assunto de nossa vida estabelecerá o tipo de comunicação que temos naquele assunto. A comunicação influenciará o pensamento que, por sua vez, influenciará o sentimento e, este, através da repetição reforçará a crença já estabelecida. Isso é válido tanto para crenças limitantes quanto para crenças possibilitadoras. As crenças limitantes nos trazem resultados infelizes e fracos, e as fortalecedoras, resultados felizes e adequados. Como mostrado no capítulo 3, use sempre o espelho iluminado pela luz da Palavra para avaliar suas crenças. A Palavra é o melhor espelho para avaliar nossas crenças.

Você pode se perguntar: e agora, o que faço? Imite o que fizeram os coraítas, povo da descendência de Levi; faça perguntas a si mesmo contrapondo os fatos como viam com a realidade dada por Deus. Eles usaram o espelho iluminando bem a situação. Na alma humana residem a vontade, as emoções e a razão. É lá que se encontram essas feridas, dores, emoções amargas, pensamentos tóxicos. A alma tem o poder de influenciar o corpo fazendo-o comunicar verbal e não verbalmente o que está no íntimo. Os coraítas argumentaram contra suas almas abatidas e apoiaram seu argumento numa realidade que Deus estabeleceu para Seus filhos (Sl 42.5).

> *"Por que estás tu abatida, ó minha alma? E por que estás tu inquieta dentro de mim? Espera em Deus, pois ainda o louvarei pelo socorro do seu semblante."*

No mesmo salmo os coraítas mostravam que a saúde deles tinha sido afetada quando abrigaram um sentimento de afronta (Sl 42.10a - ARA).

> *"Esmigalham-se-me os ossos, quando os meus adversários me insultam."*

O Salmo 38, um salmo davídico, mostra um relato perfeito quando a consciência de uma pessoa está pesada por ter sido exposto ao espelho divino e foi achado em falta por ter quebrados princípios e valores pessoais saudáveis (Sl 38.1-9).

> *"Ó Senhor, não me repreenda na tua ira, nem me castigue no teu ardente descontentamento.*
>
> *Pois tuas flechas se cravam rapidamente em mim, e a tua mão me pressiona dolorosamente.*
>
> *Não há solidez na minha carne por causa da tua raiva; nem há nenhum descanso em meus ossos por causa do meu pecado.*
>
> *Pois as minhas iniquidades subiram para a minha cabeça; como um fardo pesado elas são pesadas demais para mim.*

> *Minhas feridas fedem e são corruptas por causa da minha tolice.*
>
> *Estou atribulado; estou grandemente curvado; vou pranteando o dia inteiro.*
>
> *Pois os meus lombos estão cheios de uma repugnante doença, e não há solidez na minha carne.*
>
> *Eu sou fraco e dolorosamente quebrado; eu tenho rugido por causa do desassossego do meu coração.*
>
> *Senhor, todo o meu desejo está diante de ti, e o meu gemido não é escondido de ti."*

Nesse caso, a dor era ainda mais profunda porque havia errado contra Deus. Espírito, alma e corpo sofriam. A questão se resolveu ao confessar sua iniquidade e sua confiança em seu Criador (Sl 38.15-18,22).

Enquanto você, leitor, responde ao exercício a seguir traga a luz da menorá para perto e de forma contínua para um melhor resultado.

FAZENDO O DIAGNÓSTICO[14]

Ao realizar o exercício, é indispensável que se responda a cada pergunta, e que as respondam em ordem. Você estará fazendo perguntas a si mesmo. Seja franco.

Escreva na linha a seguir qual pilar de sua autoavaliação você ainda está produzindo um resultado indesejado.

Pilar

___

[14] Adaptado da ferramenta "Diagnóstico Composto", do curso de Formação Profissional em Coaching Integral Sistêmico, do PhD Paulo Vieira – FEBRACIS.

Escreva agora, com clareza, qual é esse resultado indesejado e quando ele acontece. Seja específico.

_____

_____

_____

_____

Agora você sabe o estado atual dessa situação. E qual é o estado desejado? Escreva nas linhas a seguir qual resultado você quer alcançar com riqueza de informações. Escreva de forma positiva o que quer e não o que não quer.

_____

_____

_____

_____

_____

Agora você está pronto para iniciar o exercício. Por um momento, enquanto você analisa suas convicções limitantes nesse assunto, crenças essas que te levam a esse resultado ruim, transcreva-as para as linhas a seguir.

_____

_____

_____

_____

_____

Descreva quais são os sentimentos de dor os quais você sente ao perceber que carrega essas convicções limitantes, que trazem consigo esses deploráveis resultados. Escreva, também, os sentimentos que você tem quando obtém esses resultados.

_____
_____
_____
_____
_____

E os seus pensamentos, como ficam? Quanto de dor há no seu diálogo interno e nas imagens internas? Sendo verdadeiro com você mesmo, escreva esses pensamentos.

_____
_____
_____
_____
_____

Enquanto você se lembra de momentos que percebeu que mais uma vez tinha, nessa área, obtido um resultado indesejado, descreva sua comunicação, tanto verbal quanto não verbal nesses instantes.

_____
_____
_____
_____
_____

HORA DA MUDANÇA

Agora chegou o momento de virar a página dessa história.
Respire fundo.
Mais uma vez, respire fundo e sorria!
Com inclinação da cabeça de forma natural para cima, enquanto sorri, mais uma vez respire profunda e calmamente olhando para cima por alguns segundos.

Ao terminar de fazer o rápido e simples exercício descrito no parágrafo anterior, responda: qual comunicação verbal e não verbal você deve realizar para obter aquilo que deseja alcançar?

_____

_____

_____

_____

_____

Aproveite este momento para fazer exatamente essa comunicação que descreveu. Invista este tempo para você. Levante-se neste instante enquanto você realiza a comunicação que a partir de agora vai assumir.

Já fez a comunicação? É muito importante para você alcançar seus resultados. Avance no exercício assim que terminar de fazer o exercício de comunicação.

Agora responda: qual diálogo interno saudável e que imagens internas correspondentes você deverá ter para conseguir alcançar o estado desejado?

_____
_____
_____
_____

Enquanto toma um tempo, antes de avançar no exercício, você já pode pensar nas imagens referidas, adicionados dos diálogos internos.

Tenho certeza de que você já está melhor. Tenho boas notícias, ficará ainda muitíssimo melhor!

Perceba agora o tipo de sentimento vivificante e alinhado com esse tipo de pensamento lhe sobrevém. Imagine-o ainda mais forte, afetando de forma crescente suas emoções convenientes e benéficas. Tome tempo para desfrutar dessas emoções. Respire fundo.

Repita esse exercício. É fácil. Imagine e sinta.

Assim que já estiver com os sentimentos alinhados aos pensamentos, descreva-os.

_____
_____
_____
_____
_____

Vamos para a cereja do bolo!

Escreva quais convicções você assume vivenciar a partir de hoje, baseadas nessa nova comunicação, nesse novo nível de pensamento e sentimento.

_____

_____

_____

_____

_____

Pronto. Você já sabe agora no que deve fiar-se, como se deve comunicar, o que pensar e como se sentir, para alcançar o que se deseja.

Cada vez que perceber que, por hábito, está voltando a se comunicar e pensar da maneira antiga, que está voltando a passar por aquela estrada indesejável, cujo destino é deplorável, pergunte-se a si mesmo, é esse o resultado que quero para mim? Mude imediatamente sua comunicação e vida de pensamento para os descritos anteriormente e perceberá que seus sentimentos e crenças irão se alterar para o formato desejado.

Não há crenças, caminhos neurais, sinapses que resistam a esse antídoto. Quer saber se terá sucesso? Reflita na seguinte história do lobo bom e do lobo mau.

"Uma noite, um velho índio falou ao seu neto sobre o combate que acontece dentro das pessoas.

Ele disse:

– A batalha é entre os dois lobos que vivem dentro de todos nós. Um é Mau. É a raiva, inveja, ciúme, tristeza, desgosto, cobiça, arrogância, pena de si mesmo,

culpa, ressentimento, inferioridade, mentiras, orgulho falso, superioridade e ego.

O outro é Bom. É alegria, fraternidade, paz, esperança, serenidade, humildade, benevolência, empatia, generosidade, verdade, compaixão e fé.

O neto pensou nessa luta e perguntou ao avô:

– Qual lobo vence?

O velho índio respondeu: – Aquele que você alimenta!" [15]

Decida alimentar-se corretamente!

---

[15] Disponível em: http://www.renataborja.com.br/blog/a-lenda-do-lobo-bom-x-lobo-mau/. Acesso em: 04 mar. 2017.

REPETIÇÃO DA AUTOAVALIAÇÃO

Você já se encontra há nove semanas lendo este livro e, com certeza, crescendo por sua dedicação. Você merece e é capaz! Refaça sua autoavaliação.

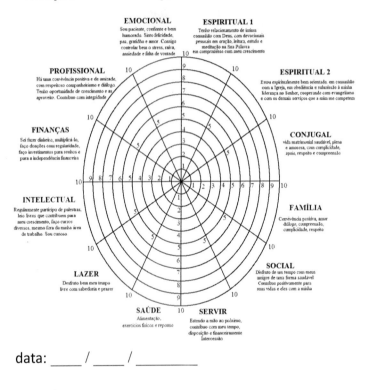

data: _____ / _____ / _____

Responda: comparando com os anteriores, o que se pode concluir?

_____
_____
_____
_____
_____

SESSÃO 8
APRESENTANDO SUAS ORAÇÕES

"Que a minha oração seja colocada diante de ti como incenso"

Salmo 141.2a

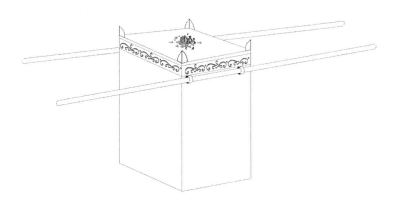

Conversa com o Leitor

NÃO TENHO FILHOS

Eli, um sumo sacerdote, foi juiz sobre Israel durante quarenta anos. Nessa época havia uma mulher chamada Ana, esposa de Elcana, da tribo de Efraim. Como era de se esperar à época, a esposa daria a seu marido muitos filhos, mostrando o favor de Deus ao casal. Infelizmente, Ana não tinha filhos.

Todos os anos, conforme a Lei, Elcana e Ana subiam às festas em Jerusalém. Elcana oferecia seus sacrifícios e o que era para ser motivo de alegria em família, para Ana era uma amargura. Ela chorava e não participava da alegria da festa, recusando-se até a comer.

Em um certo ano as entranhas de Ana se comoveram em dor e ela se derreteu em lágrimas perante Seus Deus, junto a um pilar do Templo, durante uma das festas. Eli, o sumo sacerdote, cujo nome significa Deus, o Altíssimo, a observava (1Sm 1.10-18).

> *"E ela estava em amargura de alma, e orava ao Senhor, e chorava sobejamente. E ela fez um voto, e disse: Ó Senhor dos Exércitos, se tu, verdadeiramente, atentares para a aflição da tua serva, e de mim te lembrares, não te esqueceres da tua serva, mas desejares conceder à tua serva um menino, então eu o darei ao Senhor todos os dias da sua vida, e nenhuma navalha virá sobre a sua cabeça.*

> *E sucedeu que, enquanto ela continuava a orar diante do Senhor, Eli observava a sua boca, Ora, Ana falava em seu coração; somente os seus lábios se moviam, mas a sua voz não era ouvida; por isso Eli pensou que ela estivesse ébria. E Eli disse a ela: Por quanto tempo ficarás ébria? Afasta de ti o teu vinho. E Ana respondeu e disse: Não, meu senhor, sou uma mulher de espírito pesaroso; não bebi nem vinho, nem bebida forte, mas tenho <u>derramando a minha alma</u> diante do Senhor. Não consideres a tua serva como uma filha de Belial; pois da profusão da minha queixa e angústia tenho falado até aqui. Então, Eli respondeu e disse: Vai em paz; e o Deus de Israel te conceda a tua petição que lhe fizeste. E ela disse: Que a tua serva ache graça à tua vista. Assim, a mulher tomou o seu caminho, e comeu, e o seu semblante já não estava triste."*
> (Sublinhado nosso)

Pela primeira vez na Bíblia é registrado que alguém apresentava suas orações a YHWH Tsaba'ot, o Senhor dos Exércitos. Ana se derrama diante de seu Deus e naquele momento o Deus Altíssimo (Elyon) ouviu sua oração e a atendeu (1Sm 1.20).

> *"Portanto, sucedeu que, quando chegou o tempo, depois de Ana ter concebido, ela deu à luz um filho, e chamou o seu nome Samuel, dizendo: Porque eu o pedi ao Senhor."*

Quem nunca rasgou seu coração por alguma dor profunda gritando por alívio e resposta? Ana o fez de modo certo. Apresentou seu pedido a quem podia ouvir e atendê-la. Apresentou seu pedido de forma íntegra e verdadeira, sem reservas, sem nada ocultar. Sua oração subiu como incenso queimado de aroma suave!

Conforme suas próprias palavras de voto, Ana trouxe Samuel seu unigênito como oferta ao Senhor (1Sm 1.24-28).

Ana foi honrada e reta do começo ao fim!

Quando terminou de dedicar Samuel a Deus, seu coração, outrora entristecido, flui em palavras de gratidão e adoração a Deus (1Sm 2.1-10). A bênção do Senhor sobre Ana fora tão grande que YHWH concedeu-lhe outros três filhos e duas filhas. Por causa da fidelidade sacrificial de Ana, Samuel deixou de ser seu unigênito, tornou-se o primogênito. Além disso, Deus abençoou Samuel de tal maneira que ele se tornou juiz e profeta em Israel. Samuel, filho de Ana, foi quem ungiu Saul e Davi como reis em Israel.

Quantas vezes nas Sagradas Escrituras aqueles que serviam a Deus se encontraram em apuros e oraram a YHWH e foram salvos, libertos!

A aflição de um homem, ou de uma mulher, às vezes, não é provocada por outras pessoas, por conflitos externos, mas por profundos desejos pessoais que movem seu ser. Quantos desejos há no coração do homem, só ele próprio sabe dizer!

O ALTAR DO INCENSO

O primeiro altar a ser construído estaria no átrio externo, um altar para sacrifícios. Agora Deus ordena Moisés a construir outro altar de madeira, dessa vez recoberto de ouro e para queimar incenso. Nele não se queimaria sacrifícios, exceto em Iom Kipúr (Êx 30.1-3).

> "E farás um altar para sobre ele queimar incenso; de madeira de acácia o farás. Um côvado será o seu comprimento, e um côvado a sua largura, será quadrado; e dois côvados será a sua altura; os seus chifres formarão parte dele. E o revestirás com ouro puro, o seu topo, e os seus lados ao redor, e os seus chifres; e farás para ele uma coroa de ouro ao redor."

Outra vez, dentro dos Santos, a madeira que representa a humanidade está revestida de ouro. O homem trabalhado, sem espinhos, sem nódulos, deve revestir-se daquilo que é divino para estar no Santo Lugar.

O altar de incenso era quadrado, ou seja, seu comprimento e largura eram iguais, sem distinções entre suas dimensões. Por qualquer lado que se posicionasse diante do altar do incenso a visão era a mesma, a saber, o lado do altar e um chifre em cada ponta. Chifre é símbolo de poder e autoridade e, nesse caso, era um chifre revestido de ouro, ou seja, a autoridade divina estava representada nessa peça.

O altar do incenso seria colocado junto ao véu que separava o Santo Lugar do Santíssimo Lugar sendo, portanto, a peça mais próxima à Arca da Aliança. Esse altar ficava entre a mesa dos Pães da Presença e a menorá de ouro, que nos indica que entre a luz e o alimento devia-se encontrar o lugar das orações (Êx 30.6).

> "E o colocarás diante do véu que está junto à arca do testemunho, diante do propiciatório que está sobre o testemunho, onde me encontrarei contigo."

O sacerdote queimaria o incenso aromático duas vezes ao dia nesse altar. É simples entender o porquê de se queimar o incenso pela manhã; é para que, ao acordar, o homem já se apresentasse em oração diante de Deus. Mas por que realizar o mesmo ao crepúsculo? Ocorre que isso é de enorme significado. O momento de adoração a Deus estabelecido por YHWH foi na viração do dia. No livro de Gênesis, capítulo 1, o dia sempre é mencionado como "tarde e manhã", ou seja, ao pôr do sol se inicia um novo dia, e não à meia-noite como é nos nossos dias. Biblicamente o dia começa ao pôr do sol e termina no próximo pôr do sol. E por que esse foi o momento escolhido por Deus para que o homem O adorasse? Simplesmente para que o homem terminasse e iniciasse cada dia diante de Sua Presença abençoadora e enriquecedora (Êx 30.7-10).

> "E Arão queimará sobre ele o incenso aromático todas as manhãs. Quando puser em ordem as lâmpadas, queimará o incenso sobre ele. E quando Arão acender as lâmpadas à tarde, queimará o incenso sobre ele; um incenso perpétuo diante do Senhor por todas as

vossas gerações. Não oferecereis incenso estranho sobre ele, nem oferta queimada, nem oferta de carne, nem derramareis ofertas de bebida sobre ele. E uma vez por ano Arão fará expiação sobre os chifres dele, com o sangue do sacrifício de expiação do pecado; uma vez por ano ele fará expiação sobre ele por todas as vossas gerações; é santíssimo ao Senhor."

O incenso era queimado continuamente indicando que se vivesse uma vida de oração, ou melhor, estar na presença de Deus para orar não devia ser ocasional, mas contínuo.[16]

A forma de apresentar as orações está simbolizada na composição singular desse incenso e essa composição não devia ser utilizada em outros momentos e nem em outros lugares (Êx 30.34-37).

"E o Senhor disse a Moisés: Toma especiarias aromáticas, estoraque, e ônica, e gálbano; estes especiarias aromáticas com incenso puro, cada uma delas será de igual peso. E farás um perfume, uma confecção segundo a arte do perfumista, temperado, puro e santo. E moerás parte dele muito fino, e o colocarás diante do testemunho no tabernáculo da congregação, onde me encontrarei contigo; será para vós santíssimo. E quanto ao perfume que farás, não fareis para vós mesmos de acordo com a composição; ele será para vós ao Senhor."

Os elementos que compunham o incenso eram caros. O estoraque, tradução da palavra hebraica *nataph*, que significa gota, é um arbusto com pétalas brancas em suas flores e seu odor é similar às flores de laranjeira. Como gota que se manifesta com intermitência, esse elemento fala que vida de oração é uma forma de viver. A ônica, tradução da palavra hebraica *schechelet*, era extraída de um molusco marinho, que vivia bem ao fundo das águas. Quando moída exalava um bom perfume. Isso nos indica que a oração deve vir do fundo do coração, mesma qualidade da

---

[16] N.A. Para aquele que deseja aprofundar no tópico "ORAÇÃO", recomendo a coleção "Escola de Oração" de Valnice Milhomens Coelho.

oração de Ana quando pedia um filho. O gálbano, do hebraico *chelbenah*,[17] resina trazida da combinação de duas plantas da Pérsia, libera seu perfume quando machucadas e amassadas. Sozinho seu odor é desagradável, mas quando misturado a outras substâncias aromáticas aumenta e conserva a fragrância delas. As palavras proferidas por alguém com um coração revoltado, vingativo, impenitente, não perdoador ou incompassivo não formam uma oração só porque estão sendo dirigidas a Deus. Assim como essa resina vem de duas plantas, a oração precisa estar misturada com a Palavra e o Espírito.

Esses três elementos eram, primeiramente, misturados com incenso puro. Esse incenso puro não é essa composição final que também é chamada de incenso. O incenso puro era uma resina extraída de uma planta da região árabe. Quando queimada produzia uma fumaça branca. Isso fala da natureza pura da verdadeira oração que produz frutos de paz. Tendo essas quatro partes se juntado em iguais porções, tudo era temperado com sal. O sal nos fala tanto de fazer sobressair o sabor quanto da conservação do objeto. As nossas palavras devem ser temperadas com sal, tanto as dirigidas aos homens quanto às dirigidas a Deus (Cl 4.6).

Depois que a mistura estivesse pronta e misturada com sal, uma parte era moída e colocada diante do Testemunho, ou seja, da Arca da Aliança que estava no Santíssimo Lugar. O sal era puro e santo. Santo é uma palavra que quer dizer separado, no caso, algo separado para uso exclusivo de Deus. Repare que a mistura que fora moída e colocada diante do Testemunho era santíssima. Veremos o significado disso no último capítulo!

Todas as orações têm propósito. Seja para apresentar graças, louvores ou adoração, seja para interceder por alguém ou pedir por si mesmo, seja para apresentar-se a si mesmo em consagração ou entregar uma situação ao Deus maior, não importa, a oração é

---

[17] Disponível em: http://yerushalaim1967.blogspot.com.br/2010/07/o-incenso-santo-e-o-seu-significado.html. Acesso em: 15 mar. 2017.

um meio de dizer seu estado atual ou de outro, e solicitar humildemente intervenção divina para o estado desejado. Se não há nada a pedir por si mesmo ou por outrem, a oração terá como alvo o próprio Deus, que receberá ações de graças, louvores e adoração daquele filho que quer agradecer e agradar ao Pai por amor, correspondendo ao amor que do Pai recebe. Em todos os casos, o homem que entra em oração não é o mesmo que desse momento sai; ele sofre mudanças por ter-se exposto à Presença.

LEGADO

Ana sabia o que queria e não tinha: um filho. Sabia também o que não queria e tinha: era considerada como uma que não recebera graças de Deus, uma desfavorecida. Ana não queria mais ser vista assim, nem mais ser insultada por isso. Algo Ana tinha e queria preservar: uma excelente aliança matrimonial com Elcana. Ana não tinha filhos, e tudo dentro dela gritava que evitasse permanecer assim.

Ana atingiu com louvor o seu objetivo. O seu filho Samuel foi o maior e melhor juiz em Israel, foi quem ungiu os dois primeiros reis e tudo que era feito de importante no país ele era consultado. Tudo em que se transformou Samuel deve-se às ações de Ana e seus ensinamentos a ele.

O próximo exercício de *coaching* chama-se Legado[18]. Reflita o tempo que achar necessário para responder cuidadosamente a cada pergunta. Ter consciência é primordial para o êxito.

---

[18] Ferramenta elaborada por Adriana Lima – Instituto Menthes.

Coloque aqui a data que você está a realizar esse exercício: __/__/__.

Relembre suas metas vendo o que escreveu no capítulo 2. Aonde você quer realmente chegar? O que você deseja deixar para a próxima geração, amigos e família? Qual visão você tem, qual ideal? Tome o tempo que precisar e, a seguir, registre.

_____
_____
_____
_____
_____

Assim que terminar, responda a estas reflexões:

Quais exemplos seus valem a pena ser seguidos?

_____
_____
_____
_____
_____

O que as pessoas pensam e dizem a seu respeito?

_____
_____
_____
_____
_____

O que falariam a seu respeito em seu velório?

_____
_____
_____
_____

Caso fizesse uma viagem longa, do que as pessoas sentiriam mais falta na sua ausência?

_____
_____
_____
_____

Depois dessas reflexões, vamos ao exercício:

1. Como gostaria que o mundo fosse?

_____
_____
_____
_____

2. Quais são suas maiores capacidades e habilidades, que lhe dão a direção e as estratégias necessárias para chegar aonde quer, para ir em direção a metas maiores?

_____
_____
_____
_____

3. Como gostaria que as pessoas se lembrassem de mim?

_____
_____
_____
_____

4. Quais marcas tenho deixado impressas nas pessoas?

_____
_____
_____
_____

5. Quais marcas quero deixar nas pessoas e no mundo?

_____
_____
_____

6. Como você se vê no final do ano, em 5 anos, em 10 anos?

_____
_____
_____
_____
_____

7. Qual legado você quer verdadeiramente deixar para a humanidade?

_____
_____
_____
_____
_____

Pronto. Agora faça como Ana, aja!

E o que você deve fazer como ação? Sugiro que escreva um plano de ação para seu legado, leia livros que contribuirão para o processo, assista a palestras e a vídeos que irão te enriquecer e te aproximar do seu objetivo. Em particular, conte com YHWH Tsaba'ot.

Além disso, vale revisar o plano de ação feito no capítulo 6. Faça os ajustes que achar necessário, tais como mudança de datas, inclusão ou exclusão de etapas e acrescentar detalhes.

SESSÃO 9
PASSANDO PELA VIDA

"Israel, porém, será salvo no Senhor com uma eterna salvação"

Isaías 45.17a

Conversa com o Leitor

O USURPADOR

Jacó, filho de Isaac, neto de Abraão, irmão de Esaú, pai das chamadas doze tribos de Israel, não teve um bom começo. Seu nome significa usurpador, aquele que fraudulentamente apodera-se do que pertence a outro, possuindo sem ser dono por direito. O seu nome refletia muito bem o seu caráter.

Esaú e Jacó eram gêmeos, sendo Esaú o filho mais velho e, por isso, tinha o direito de primogenitura; na repartição da herança de seu pai Isaac, Esaú teria o dobro da herança que caberia a Jacó. Também era de Esaú a primazia da bênção paterna.

Esaú desprezou o direito de primogenitura vendendo-o ao esperto Jacó por um prato de lentilhas quando se encontrava faminto. Além disso, aos quarenta anos casou-se como duas mulheres estrangeiras, que amarguraram a vida de seus pais Isaac e Rebeca (Gn 26.34-35).

Quando Isaac já estava velho e seus olhos já não podiam mais enxergar, solicitou a Esaú que fosse caçar, e que da caça fizesse uma comida saborosa; depois de comer iria abençoar Esaú. Este em obediência ao pai saiu para caçar. Ocorre que Rebeca ouviu a conversa entre seu esposo e seu filho primogênito e chamou a Jacó, seu filho predileto (Gn 27.8-17).

"Agora, portanto, meu filho, obedece à minha voz de acordo com o que eu te ordenar. Vai agora ao rebanho

e traz-me de lá das cabras dois bons cabritos, e eu farei deles uma carne saborosa para teu pai, tal como ele gosta. E tu a levarás a teu pai, para que ele coma e para que ele te abençoe antes da sua morte. E Jacó disse a Rebeca, sua mãe: Eis que Esaú, meu irmão, é um homem peludo, e eu sou um homem liso; se porventura meu pai me tocar, eu lhe parecerei como um enganador, e eu trarei maldição sobre mim, e não bênção. E sua mãe lhe disse: Sobre mim esteja a tua maldição, meu filho. Somente obedece à minha voz, e traze-mos. Ele foi, e buscou, e os trouxe à sua mãe. E sua mãe fez uma carne saborosa, tal como seu pai gostava. E Rebeca tomou os melhores vestidos de Esaú, seu filho mais velho, que estavam com ela na casa, e as colocou sobre Jacó, seu filho mais novo. E ela colocou as peles dos cabritos sobre as mãos dele, e sobre a lisura do seu pescoço. E ela deu a carne saborosa e o pão que ela havia preparado na mão de seu filho Jacó."

Depois de ludibriar seu pai, por trapaça Jacó recebeu a bênção paterna causando discórdia entre ele e seu irmão (Gn 27.28-29, 36, 41).

"Por isso, Deus te dê do orvalho do céu, e da gordura da terra, e abundância de trigo e vinho.

Que povos te sirvam, e nações se curvem a ti. Sê senhor sobre teus irmãos; e que os filhos de tua mãe se curvem a ti. Maldito seja todo o que te amaldiçoar, e bendito seja o que te abençoar.

E Esaú disse: Não é o seu nome com razão chamado Jacó? Pois ele me suplantou duas vezes; ele tomou a minha primogenitura, e eis que agora tomou a minha bênção.

E Esaú odiou Jacó por causa da bênção com que seu pai o abençoou. E Esaú disse em seu coração: Os dias de luto pelo meu pai estão próximos; então eu matarei o meu irmão Jacó."

Nessa situação Rebeca percebeu a que perigo contínuo Jacó estivera exposto e o enviou para a terra de seus pais, em Harã.

Em Harã Jacó conheceu sua prima Raquel, e por ela se apaixonou. Raquel tinha uma irmã mais velha, chamada Lia. A Labão, pai de Raquel, irmão de Rebeca, Jacó prometeu trabalhar sete anos de graça para poder desposar Raquel. Terminados os sete anos, no dia do casamento, mais precisamente, na noite de núpcias, Lia fora entregue a Jacó.

Quando Jacó percebeu, pela manhã, que dormira com Lia, enfurecido foi ter com Labão e reclamou por ter sido enganado. Depois de uma desculpa esfarrapada de Labão, Jacó teve que concordar em trabalhar mais sete anos para poder se casar com Raquel (Gn 29.26-27). Lia se tornou mãe de Rúben, o filho mais velho de Jacó e Raquel de José, aquele que seria vendido como escravo pelos irmãos e se tornaria o administrador do Egito.

Depois dessas coisas Deus abençoou Jacó e deu-lhe filhos e posses. Para sustentar sua família negociou com seu sogro um salário por seu trabalho junto ao rebanho. Nos próximos seis anos Labão mudaria o salário combinado com Jacó dez vezes, entretanto Deus abençoou Jacó e seu rebanho procriava vigorosamente, tornando-o muito rico (Gn 30.43).

VOLTANDO PARA SUA TERRA

Quando Jacó saiu de sua casa em direção à Harã, num certo lugar onde passou a noite, fez de uma pedra seu travesseiro, dormiu e teve um sonho, que marcou o início da mudança em sua vida (Gn 28.12-22).

> "E ele sonhou, e eis que uma escada estava posta sobre a terra, e o seu topo alcançava o céu, e eis que os anjos de Deus subiam e desciam por ela. E Eis que o Senhor estava em pé acima dela, e disse: Eu sou o Senhor Deus de Abraão, teu pai, e o Deus de Isaque. A terra em que estás deitado, darei a ti e à tua semente.

E tua semente será como o pó da terra, e tu serás espalhado para o ocidente, e para o oriente, e para o norte, e para o sul. E em ti e em tua semente todas as famílias da terra serão abençoadas. E eis que eu estou contigo, e te guardarei em todos os lugares os quais tu fores, e te trarei novamente a esta terra; pois eu não te deixarei, até que eu tenha feito aquilo que eu tenho falado. E Jacó despertou do sono, e disse: Certamente o Senhor está neste lugar, e eu não o sabia. E ele estava temeroso, e disse: Quão temível é este lugar! Este não é outro senão a casa de Deus, e este é o portão do céu.

E Jacó levantou-se cedo de manhã, e tomou a pedra que tinha posto como seu travesseiro, e a colocou como um pilar, e derramou óleo no topo dela. E ele chamou o nome daquele lugar Betel; mas no começo o nome daquela cidade era chamada de Luz. E Jacó jurou um juramento, dizendo: Se Deus for comigo, e me guardar neste caminho em que vou, e me der pão para comer, e vestes para vestir, de modo que eu torne novamente à casa de meu pai em paz, então que o Senhor seja o meu Deus; e esta pedra, que tenho posto como um pilar, será a casa de Deus, e de tudo que tu me deres eu certamente te darei o dízimo."

Nesses versículos lemos que Deus confirma a bênção de Isaac sobre a vida de Jacó. Mesmo assim, Jacó fez uma certa negociação com Deus, condicionando sua obediência no caso de Deus cumprir ou não o que prometera. Jacó ainda comunicava o seu caráter de usurpador que era. A mudança em sua vida estava apenas começando, mas era certa que iria ocorrer.

Jacó passaria vinte anos em Harã antes de voltar para casa, não sem sofrer nas mãos de seu sogro Labão na mesma moeda que fazia com seu irmão Esaú.

Rico, com onze filhos e uma filha, Jacó recebe uma palavra de Deus para retornar e a promessa que Ele estaria com Jacó (Gn 31.3). Depois de conversar com suas esposas, partiu (Gn 31.17-18).

Para retornar à sua terra, Jacó precisava encarar um problema antigo não resolvido, seu relacionamento com Esaú. Para verificar como seu irmão se sentia a respeito dele depois de duas décadas, enviou servos à sua frente para encontrarem Esaú e avisarem que Jacó estava retornando e que solicitava mercê de seu irmão, e que o considerava senhor de Jacó. Após Esaú receber essa mensagem, saiu de encontro a Jacó com quatrocentos homens (Gn 32.3-6). Jacó amedrontou-se.

Sem saber o que fazer, Jacó separou seus animais em dois bandos, para o caso de um ataque de Esaú ele não vir a perder tudo. A seguir, orou junto ao ribeiro em que todos se encontravam (Gn 32.9-12, grifos meus).

> "E Jacó disse: Oh! Deus de meu pai Abraão, e Deus de meu pai Isaque, o Senhor que disse a mim: Torna à tua terra, à tua parentela, e eu te farei bem. <u>Eu não sou digno da menor de todas as misericórdias, e de toda a verdade, que tu tens mostrado ao teu servo</u>, porque com o meu cajado passei este Jordão, e agora eu me tornei dois bandos. Livra-me, rogo-te, da mão de meu irmão, da mão de Esaú, porque eu o temo, para que ele não venha e me fira, e a mãe com os filhos. E tu disseste: Eu certamente te farei bem, e farei tua semente como a areia do mar, que não pode ser enumerada por ser uma multidão."

Pela primeira vez Jacó profere ser indigno de misericórdia e fidelidade. Vinte anos se passou, formara família, ficara rico, mas seu passado ainda o assombrava. Ele precisava se ver livre desse peso, daquilo que causou por suas decisões e ações contra seu irmão e pai. Jacó se contemplava e via que não era justo, que o favor que recebera de Deus era imerecido. Algo tinha que romper dentro dele, seu caráter de usurpador não lhe servia mais como um valor adequado de conduta. Sua mudança precisava ser completa para servir a YHWH e ser aquele que, dignamente, daria continuidade à Aliança que se iniciou entre YHWH e Abraão.

Jacó tomou uma decisão, fez toda sua família, servos e gado passar pelo ribeiro e seguir viagem, ele, contudo, ficaria para trás para se apresentar diante de Deus e deixar-se ser impactado pela justiça e santidade de YHWH (Gn 32.24-28, grifos meus).

> *"E Jacó foi deixado só. E ali lutou com ele um homem até o romper do dia. E quando este viu que não prevalecia contra ele, tocou a junta da sua coxa. E se desconjuntou a junta da coxa, enquanto lutava com ele. E ele disse: Deixa-me ir, pois o dia já rompe. E ele disse: Eu não te deixarei ir, a não ser que me abençoes. E ele lhe disse: Qual é o teu nome? <u>E ele disse: Jacó</u>. E disse-lhe: Teu nome não serás mais chamado Jacó, mas Israel, porque como um príncipe tu tens poder com Deus e com homens, e prevaleceste."*

Quando Jacó disse: "meu nome é Jacó" ele, na verdade, estava fazendo uma confissão a Deus; ali ele admitia que era um usurpador, um enganador, que ele obteve prosperidade mesmo sendo indigno, impuro e injusto. Por essa atitude, o que prendia Jacó, o usurpador, foi quebrado, passou a não mais fazer efeito em sua vida, pois foi abençoado por Deus naquele lugar. Para confirmar essa mudança de caráter, assim como YHWH mudou os nomes de Abrão e Sarai para Abraão e Sara para que tivesse Seu propósito cumprido na vida deles, fez o mesmo com Jacó, a partir daquele momento Jacó passaria a ser chamado de Israel, príncipe que prevalece com Deus.

Abençoado e justificado, não por sua própria ação, mas pela bênção que YHWH resolveu conceder por Graça, foi um novo homem que atravessou o ribeiro. Sua mudança estava completa.

Jacó não conseguiria reatar comunhão com Esaú, mas Israel sim, e foi o que aconteceu. Quando os dois se viram, Israel inclinou-se diante de Esaú sete vezes, até se aproximar de seu irmão, então Esaú correu-lhe ao encontro, o abraçou e o beijou e ambos choraram (Gn 33.1-4).

O VÉU DO SANTUÁRIO

Separando o Santo Lugar do Santíssimo Lugar havia o véu do santuário (Ex 26.31-33), apelidado de *vida*.

> "E farás um véu de azul, e púrpura, e carmesim, e linho fino torcido de trabalho esmerado; com querubins deverá ser feito. E o pendurarás sobre quatro pilares de madeira de acácia, revestidas de ouro; seus colchetes serão de ouro, sobre as quatro bases de prata. E pendurarás o véu debaixo dos colchetes, para que coloques ali dentro o véu da arca do testemunho; e o véu vos fará separação entre o lugar santo e o santíssimo."

Sempre que um sacerdote entrava no Santo Lugar podia contemplar a beleza do véu que escondia as Tábuas da Aliança (Lv 24.3) e ser por ele ministrado através de seu significado profundo. Ali, naquele ambiente sagrado, tudo apontava para um Deus misericordioso, que tudo tinha providenciado para que o homem permanecesse em Sua presença numa comunhão contínua. Assim como Israel recebeu graça ao estar diante de Deus, não porque a merecia, o sumo sacerdote, sem merecer, entraria no local da manifestação da presença de Deus, e seria por Ele agraciado.

Verificando a composição do véu, este era feito de estofo, um tipo de tecido e sua cor azul falava daquilo que é celestial, divino. Isso os fazia lembrar que não há outra divindade como YHWH, o EU SOU apresentado a Moisés, o imutável e eterno, o único e que fora dele não há outro deus. A cor púrpura, mescla das cores azul e vermelho, puxando para o roxo, simboliza a realeza. Olhando para o véu, o sacerdote verificava, mais uma vez, que seu Deus era o único Rei de Israel, Aquele que pelo Seu povo zelava e com eles vivia, diferentemente das entidades espirituais que os outros povos serviam. Por fim, o vermelho é a cor do sangue, objeto trazido pelo sacerdote para mostrar que o sacrifício do substituto sem culpa fora realizado e, por isso, o homem podia ser aceito na presença de YHWH como alguém imaculado.

O linho branco, que também compunha o véu, simbolizava a justiça perfeita de Deus; não poderia ser da nossa, já que, diante dos olhos de Deus, a justiça do homem é como trapo de imundícia (Is 64.6; Jó 25.4). Ser declarado justo é ser declarado sem culpa, aqui, sem culpa diante de Deus. Como isso poderia ocorrer por obra do próprio homem? Não poderia, é impossível.

É fácil verificar que a conduta do homem não é perfeita e que o homem erra. Daí, por seus erros, o homem é condenado. A sentença proclamada contra o homem pecador foi a morte, não a física, mas a morte espiritual que é a separação entre o homem e Deus (Gn 2.17; Ez 18.20). Para se reconciliar com Deus o homem precisaria ser justificado, ou seja, declarado como justo. A única esperança do homem era adquirir a justiça que Deus aceita. E o que Deus aceitaria para justificação? A única coisa aceita é a morte do homem pecador, ou seja, o cumprimento da sentença divina contra o pecador. Mas Deus não desejava a morte espiritual do homem, então o que poderia ser feito mantendo a sentença? Como o homem nada podia fazer, por amor Deus permitiu que um substituto tomasse o lugar do pecador, ou seja, um inocente que no lugar do homem maculado derramasse seu sangue para a remissão do pecado contra Deus (Lv 17.11). Isso é chamado de morte vicária, a favor de outro, também, morte substitutiva, no lugar de outro.

> *"Porque a vida da carne está no sangue, e eu o tenho dado a vós sobre o altar, para fazer expiação pelas vossas almas, pois este é o sangue que faz expiação pela alma."*

Essa justificação não significaria indulto porque o homem pecador não consegue se enquadrar à perfeita santidade de Deus, portanto, também não é uma absolvição merecida. A justificação também não significa absolvição imerecida, pois o homem aqui não estava sendo aceito na presença de YHWH porque teve um juiz fraco que cedeu a um advogado perspicaz que conseguira para seu cliente a declaração de inocente. A justificação significa ter o seu favor diante de Deus restaurado mediante ato judicial divino proclamado pelo Justo Juiz, declarando que o pecador arrependido não seria mais punido por causa do cordeiro substituto que morreu em seu lugar. Tudo por Sua Graça, concedendo-nos favor imerecido. Não há outro meio. Deus precisava ser a nossa justiça e o nosso justificador. Por isso Deus também é chamado de YHWH Tsidkenu, o Senhor justiça nossa. Isso é o que ocorreu na transformação de Jacó para Israel.

Dessa justiça divina Deus queria revestir o homem através da vida e morte do Messias prometido (Is 45.25; 53.5-7) já que por si só o homem não conseguia alcançar justificação plena e perfeita (Sl 130.3), e sangue de animais não são perfeitamente adequados para substituírem o sangue dos homens por se diferenciarem na qualidade. E como o homem tomaria posse dessa justificação? O único meio concedido por Deus para que o homem recebesse Sua Justificação pela Graça seria pela confiança em Deus, ou seja, pela fé nEle. Lembre-se, Deus também tem meta, e a meta dEle é ter sua criação junto a Ele, com livre acesso, moldando o homem novamente à Sua semelhança. Só YHWH poderia realizar essa obra. Por isso Ele estendeu sua Graça a nós! Aceite-a pela fé.

Por ocasião do recenseamento, Deus solicitou uma oferta especial pelo resgate dos israelitas quando tirados da terra do Egito, seis gramas de prata por pessoa com a idade de vinte anos para cima e essa prata seria utilizada nos serviços da Tenda do Encontro (Êx 30.12-16; Êx 38.25-27). Era um dinheiro para a propiciação, ou seja, para torná-los propícios em relação a Deus e, por conseguinte, a ira de Deus não os tocaria com pragas, como as que ocorreram no Egito e, além disso, os ofertantes estariam reconciliados com Ele; era uma cobertura para o pecado. Essa prata ofertada, portanto, representa redenção, palavra que, no original, significa "livrar da servidão por preço", ou ainda, "comprar um escravo no mercado e retirar esse escravo do mercado definitivamente, concedendo-lhe alforria". Foi isso o que YHWH fez com povo hebreu, retirou-os do mercado de escravos no Egito para trazê-los a uma vida de liberdade em uma terra que mana leite em mel. A salvação do escravo era ser redimido.

Voltando ao texto sobre o véu, vemos que este era sustentado por quatro colunas de madeira de acácia, cobertas de ouro e com base de prata. As colunas que sustentavam o véu da entrada para o Santos também eram de madeira de acácia, cobertas de ouro, mas com base de bronze. Vale lembrar que bronze fala de julgamento e juízo. A prata que foi usada na fabricação das bases dessas colunas foi obtida através do "dinheiro de resgate" durante o recenseamento dos israelitas citado no parágrafo anterior. Essa prata nos aponta para o nome *Yehoshua*, que significa *o Deus que é nossa salvação*. Em tempo, essa mesma prata foi utilizada em cada uma das colunas que formavam a sustentação da cerca externa do Tabernáculo, constituindo seus ganchos e suas vergas (Êx 27.10), o que nos mostra a salvação de YHWH em torno de todo aquele ambiente, não apenas no Santíssimo Lugar.

Como citei no início desta sessão, YHWH providenciou tudo para nossa salvação a fim de vivermos em Sua presença continuamente.

NOVA VIDA EXTRAORDINÁRIA

Jacó revelou quem ele era e foi abençoado. Sabia que a bênção viria pela Graça divina, mas o que desencadeou o recebimento do favor de Deus foi a conscientização de quem era com posterior confissão. Ele só atravessou o ribeiro depois disso. Da mesma forma o véu revelava ao sacerdote que a Graça concederia a justificação necessária para que o sacerdote pudesse, no dia de Iom Kipúr, passar pelo véu e entrar no Santíssimo Lugar sem que morresse, sendo naquela ocasião, aceito na Presença de YHWH.

Neste exercício de *coaching* você irá responder a diversas perguntas. Revele Jacó e receba Israel. Vamos iniciar!

Respire fundo e relaxe o corpo. Sente-se numa posição correta. De uma forma alerta, relembre seu passado, mesmo a sua infância. Responda:

Você se sentia amado por seus pais no convívio diário?
_____

De que forma eles demonstravam amor?
_____
_____
_____
_____

Durante a sua infância, falavam adjetivos positivos sobre sua pessoa? Se sim, quais?
_____
_____
_____
_____
_____

Durante a sua infância, falavam adjetivos negativos sobre sua pessoa? Se sim, quais?
_____
_____
_____
_____

Você diria que é uma pessoa realizada?

_____
_____
_____
_____
_____

Em quais aspectos você não se sente realizado?

_____
_____
_____
_____
_____

Nesses aspectos que você ainda não se sente realizado, você se compara com alguém da sua família?

_____
_____
_____
_____
_____

Havia diálogo acolhedor na casa de seus pais quando você era criança?

_____

Há diálogo acolhedor hoje em sua casa?

_____

Você podia conversar sobre seus erros com seus pais ou tinha que falar de acordo com o que eles queriam ouvir?
_____

O amor dispensado a você era condicional ou não?
_____

Havia perdão no ambiente da sua casa?
_____

Você se considera uma pessoa perdoadora?
_____

Quando é que você sente dificuldade para perdoar?
_____
_____
_____
_____
_____

Tem algum padrão ruim de comportamento que você presenciava em casa, quando criança, que você repete hoje?
_____
_____
_____
_____
_____

Como você percebe que o modo de viver de sua família te afetou?
___
___
___
___
___

Você foi instruído na sua infância acerca de coisas espirituais?
___

Qual o efeito disso hoje em sua conduta e valores?
___
___
___
___
___

Respire fundo.

Cônscio de todas essas questões, responda. Quais padrões negativos você repete hoje?
___
___
___
___

Sobre qual assunto você sempre quis pedir perdão e nunca conseguiu?
_____
_____
_____
_____
_____

O que hoje, para você, é imperdoável?
_____
_____
_____

A quem você não tem estendido seu favor? E por quê?
_____
_____
_____

O que hoje te impede de fazê-lo?
_____
_____
_____

Como você se sente em relação a Deus hoje?
_____
_____
_____

A quem você quer perdoar e não consegue?

_____

_____

_____

    Você pode reproduzir a graça de Deus em sua vida em relação à pessoa que citou na pergunta anterior. Deus enche nossos corações de amor pelos outros, um amor incondicional.

    Saiba que perdoar não é o mesmo que confiar. Às vezes, pensamos que se perdoamos somos obrigados a, imediatamente, confiar e ter um relacionamento próximo como antes. Confiança leva tempo, é uma construção. No entanto, o primeiro passo é o perdão, e perdoar libera a outra pessoa e a você mesmo para serem interiormente trabalhados. Peça esse amor de Deus agora em seu coração e, pela fé, decida perdoar e abençoar essa pessoa. Tome um tempo agora para fazer essa oração.

    Agora faça mais uma oração, dessa vez pedindo que Deus altere o condicionamento passado, para que você não mais reproduza padrões prejudiciais absorvidos em sua infância. Faça essa oração agora.

Escreva o nome de uma pessoa que você irá abraçar e beijar, buscando reconciliação ainda esta semana.

_____

Escreva o nome de uma pessoa que está fisicamente longe e a data de um dia desta semana que você vai ligar para ela e dizer a ela palavras de validação.

_____

Por fim, escreva duas ações que fará nos próximos sete dias a fim de melhorar seus pilares espiritual e de relacionamento, seja familiar ou social.

Ação 1

_____
_____
_____

Ação 2

_____
_____
_____

Parabéns, você está pronto para passar pelo véu e entrar no Santíssimo Lugar.

SESSÃO 10
DIANTE DA SHEKINÁ

*"E o seu resplendor era como a luz;
ele tinha raios saindo de sua mão,
e ali estava o esconderijo da sua força."*

Habacuque 3.4

Conversa com o Leitor

DIGA-ME COM QUEM TU ANDAS

Sempre chega o dia em que nos perguntamos como temos andado por esta terra e o que temos feito de nossas vidas. Contudo uma pergunta que poucos fazem a si mesmos, e é tão importante quanto questionarmos a respeito de nosso propósito de vida, é se com quem andamos nos tem prejudicado ou melhorado nossas vidas e nos prejudicado ou ajudado a cumprirmos tal propósito. Essa verificação deveria ser feita habitualmente. No Salmo primeiro, no versículo um lemos uma advertência:

> "Abençoado é o homem que não anda no conselho do ímpio, nem fica no caminho dos pecadores, nem assenta na cadeira dos escarnecedores."

E a seguir, mostra-nos o fim daqueles que assim agem (Sl 1.6b):

> "O caminho dos ímpios perecerá."

Um homem que sofreu sérias consequências por ouvir maus conselhos foi Roboão, filho de Salomão. Como foi descrito no capítulo 6 deste livro, Roboão foi o herdeiro do trono com a morte de seu pai, mas por executar o conselho de seus jovens amigos, e não dos sábios conselheiros de Salomão, perdeu grande parte do reino para Jeroboão. O próprio Salomão teve um início espetacular como rei na presença de Deus e um fim medíocre por ter-se detido no caminho da idolatria.

No Jardim do Éden Deus formou o homem à Sua imagem e semelhança. Não havia pecado, não havia corrupção. Adão andava na presença de YHWH e O adorava na viração do dia. Não havia impedimento para entrar na presença do Criador.

Após a queda, o homem não pôde mais entrar na presença de Deus da mesma forma, do Jardim foi expulso e o seu pecado trouxe, para si e seus descendentes, uma diversidade de anomalias que foram manifestando-se de forma contínua e crescente na raça humana. A primeira anomalia é que o homem agora tinha uma semente corruptível, não mais uma incorruptível, e como cada semente produz segundo a sua espécie, o filho de Adão, Sete, foi gerado com essa semente (Gn 5.3).

Com o passar dos séculos, mais e mais distante o homem ficava de Deus, mas não todos. Apesar de a sociedade estar se corrompendo cada vez mais, Enoque, descendente de Sete, que foi o sétimo depois de Adão, resolveu andar com Deus (Gn 5.24a).

Quando duas pessoas andam juntas elas fomentam um relacionamento, criam intimidade, e entre elas deve haver concordância. Ao andarem dois juntos, um influencia o outro, com o tempo irão se parecer em muitos aspectos e dividirão muitas opiniões em comum, e por que não dizer, muitas crenças semelhantes.

Para a Palavra citar que Enoque andava com Deus, podemos inferir que Enoque fez uma escolha: usando a sua vontade independente, relacionou-se com o Criador numa atitude de fé e obediência a Ele. O caráter de Enoque, sua personalidade, suas crenças e a comunicação verbal e não verbal dessas crenças, seus pensamentos e suas emoções certamente foram significativamente afetadas por ter tido esse nível de relacionamento com Deus, fruto da decisão de não mais andar de forma corruptível.

O resultado para Enoque por ouvir Deus é que ele fora arrebatado até o céu e não passou pela morte (Gn 5.24b). Enoque começou na terra e terminou no céu, assim como o sumo sacerdote, diante do Tabernáculo, iniciava sua jornada do lado de fora até entrar no Santíssimo Lugar. Aqui vemos o abençoado que não percorreu o caminho dos ímpios. Enoque viveu a vida que prova que o registro em Salmo 1, verso 3 tem cumprimento real.

> "E ele será como a árvore plantada junto a rios de água, que geram o seu fruto em sua estação; sua folha também não murchará; e tudo aquilo que ele faça, prosperará."

A ARCA DA ALIANÇA

O Senhor disse a Moisés que construísse uma arca, chamada Arca Sagrada, Arca da Aliança de YHWH, ou ainda, dentre outras maneiras, Arca do Testemunho (Êx 25.10-11).

> "E farão uma arca de madeira de acácia; dois côvados e meio será o seu comprimento, e um côvado e meio, a largura, e um côvado e meio a sua altura. E a revestirás de ouro puro, por dentro e por fora a revestirás, e farás sobre ela uma coroa de ouro ao redor."

Através da Arca, YHWH estaria no meio de Seu povo, conforme desejava. A Arca representava o trono de Deus na terra. Apesar de ser o último objeto do Tabernáculo que o sacerdote veria em sua jornada no dia de Iom Kipúr, de todos os objetos que Deus mandara Moisés construir, a Arca foi o primeiro que YHWH mandou fazer.

A Arca era feita de madeira e coberta de ouro. Aqui permanece o mesmo significado atribuído ao altar do incenso e à mesa dos pães da Presença quanto à madeira e ao ouro. A constituição da Arca era de três camadas, sendo a primeira camada o revestimento externo, que era de ouro, a camada central era de madeira de acácia e a interna um segundo revestimento de ouro. Essa constituição tipifica o Deus triúno, o Pai, o Messias e o Espírito Santo.

Para a Arca fora feito um propiciatório, uma tampa produzida em ouro puro, e sobre essa tampa dois querubins, também de ouro, que cobriam o propiciatório. Entre os querubins e o propiciatório manifestava-se a glória de Deus (shekiná) e de lá YHWH pronunciava Sua vontade e direcionamento (Êx 25.17-22). Dentro da Arca foram colocadas as duas tábuas de pedras que continham os dez mandamentos dados por Deus a Moisés.

> *"E farás um propiciatório de ouro puro; dois côvados e meio será o seu comprimento, e um côvado e meio a sua largura. E farás dois querubins de ouro, de obra batida os farás, nas duas extremidades do propiciatório. E farás um querubim em uma extremidade, e o outro querubim na outra extremidade; do propiciatório fareis os querubins nas duas extremidades. E os querubins estenderão suas asas ao alto, cobrindo o propiciatório com suas asas, e suas faces olharão uma para a outra; para o propiciatório estarão voltadas as faces dos querubins. E colocarás o propiciatório sobre a arca; e dentro da arca colocarás o testemunho que eu te darei. E ali me encontrarei contigo, e falarei contigo de sobre o propiciatório, de entre os dois querubins que estão sobre a arca do testemunho, todas as coisas eu te darei em mandamento aos filhos de Israel."*

Deus para se chegar ao homem partia do Santíssimo Lugar em direção ao externo do Tabernáculo. O homem para se chegar a Deus partia da parte externa do Tabernáculo para o Santíssimo Lugar, o caminho inverso ao que Deus fazia. No dia de Iom Kipúr, o sacerdote começava com o sacrifício ainda de fora do Tabernáculo, cumprindo todo o ritual santo ordenado por Deus nesse dia de perdão, seu último estágio era no Santíssimo Lugar. Quando ali o sacerdote adentrava, sobre a tampa da Arca ele aspergia o sangue da expiação. Com o sangue na tampa, a justiça se tornava graça, o Senhor se tornava *propício* ao povo, que se encontrava agora perdoado devido ao sacrifício de sangue e, por isso, a tampa chama-se *propiciatório*. A santidade de Deus contra o pecado estava satisfeita. Lá fora se encontrava o Altar do Holocausto, um lugar de juízo, aqui no Santíssimo Lugar se encontrava a Arca de Deus, um lugar de misericórdia.

Além dos dez mandamentos, dentro da Arca se encontravam um vaso com o maná (Êx 16.33-34) e a vara de Arão que floresceu (Nm 17.10). Os dez mandamentos, a lei pela qual o homem deve viver, representam que YHWH é o Legislador, o maná nos lembra de que YHWH é aquele que supre todas as nossas necessidades e a vara que frutificou mostra-nos que YHWH é aquele que tem o poder de dar a vida.

Finalmente alguém podia estar verdadeiramente na presença de Deus! Nos planos de Deus, ainda chegaria o dia no qual todos pudessem, novamente, entrar em Sua presença.

CONTÁGIO SOCIAL

Os pesquisadores Nicholas A. Christakis, médico e professor da Harvard University, e James H. Fowler, cientista político e professor associado da University of California, estudaram sobre a ciência das relações sociais e a descreveram como uma rede organizacional viva. Querem dizer com isso que, assim como é considerado por verdadeiro no senso comum, as pessoas que te conhecem influenciam na sua vida e você na vida delas, também ocorre que pessoas que você não conhece, mas são conhecidas de seus amigos, também te influenciam e você a elas. São "díades que se agregam e formam teias enormes de laços que vão muito mais longe" (CHRISTAKIS; FOWLER, 2010). O trabalho deles visava verificar como e por que essas teias sociais operam e quanto elas nos beneficiam.

Na rede social cada membro tem a tendência de se associar a pessoas que se parecem com elas (homofilia), e seu lugar na rede o afeta, pois seu número de conexões modela um tipo de vida diferente daquele que tem, na mesma rede, mais ou menos conexões. Além disso, os laços oferecem oportunidades para influenciar e ser influenciado, dando a oportunidade de modelar o amigo, o amigo do seu amigo, e até mesmo o amigo dos amigos de seus amigos (disseminação hiperdiádica). Essa disseminação tem diferentes graus; o seu conhecido direto é grau 1, o amigo dele, que você não conhece, é grau 2, o amigo do amigo de seu amigo é grau 3, e podemos ser influenciados até o grau 6. Por fim, assim como o bolo tem um gosto que não é o sabor específico de nenhum de seus ingredientes, a rede social tem propriedades próprias do conjunto que não é necessariamente uma característica de um membro particular dessa rede, ou seja, a teia social tem vida própria, um todo com valor maior do que a soma das partes.

Uma pedra que cai nas águas tranquilas de um lago produz ondas que vão se afastando do local da queda, e quanto mais afastada está do local da queda, mais fraca a onda fica. Da mesma forma, nas teias sociais, as maiores influências são as de graus 1, 2 e 3, nos dois sentidos, ou seja, inclui tanto a sua influência sobre a rede quanto o que a rede te influencia. Nossas decisões não vão afetar muito a rede do grau 4 em diante e nem estes vão nos influenciar, pois já se torna virtualmente fraca pela distância.

Verificamos aqui, por essa pesquisa, que devemos sim supervisionar de forma ativa como está o estado das redes as quais pertencemos, conforme já nos alertava o Salmo 1. Podemos avaliar a saúde de nossas redes e tomar decisões conscientes de ações a fim de tornar nossa vida abundante, diminuindo a influência tóxica direta e indireta até grau 3 e aumentando a influência, partindo de nós mesmo pela nossa melhora e também por nos aproximarmos ainda mais daqueles que nos agregam positivamente.

Como não temos controle total sobre a rede, às vezes nos é necessário observar a temporalidade e a espacialidade para com membros da rede que nos são prejudiciais. Uma pessoa de nossa rede direta que nos prejudica e é nosso parente não pode ser cortada da rede. Contudo podemos nos afastar fisicamente (espacialidade) e passar a vê-los ou falar com eles durante menos tempo ou menos vezes (temporalidade). Por exemplo, há casos de filhos se sentirem emocionalmente prejudicados por seus pais, e por não saberem lidar com essa situação, para esse momento, consideraram se afastar e decidem morar em outro bairro, às vezes em outra cidade, ou até mesmo em outro estado ou país. Estão aumentando a espacialidade. Esses filhos visitavam os pais semanalmente, e ficavam na casa deles por quatro horas seguidas e passaram a visitá-los quinzenalmente por duas horas e a ligarem quando não iam visitar. Aumentaram a temporalidade.

O exemplo do parágrafo anterior é apenas uma ilustração da temporalidade e da espacialidade. Se o seu caso for como o ilustrado, saiba que essa situação que o levou a se afastar poderá ser trabalhada com amor, perdão e diálogo e a tendência é que o relacionamento seja restaurado e que não mais o influencie de forma a prejudicá-lo.

Antes de iniciarmos a nova ferramenta de *coaching*, repita a sua autoavaliação.

Ao comparar essa última avaliação com a primeira, escreva nas linhas a seguir alguns ganhos.

_____
_____
_____
_____
_____

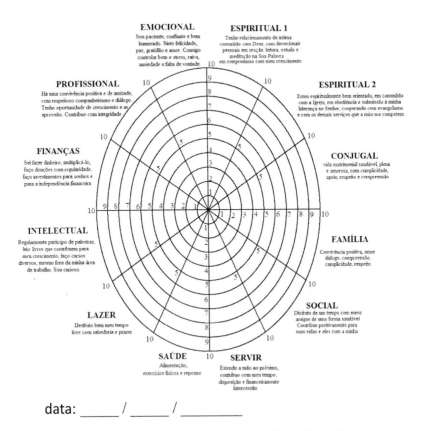

data: _____ / _____ / _____

Como tivemos a oportunidade de verificar, Roboão e Enoque tiveram destinos muito distintos por causa da maneira com que se portaram diante do meio social. É sua vez de tomar a decisão do que vai fazer.

Faça agora o exercício de observação do contágio social que tem sofrido. Primeiramente você deve escolher a teia social que será analisada. Escolha entre as redes familiar, social ou espiritual. Apenas uma das três. Depois de escolher a área, você deverá destacar cinco pessoas do seu relacionamento na área escolhida.[19]

Área escolhida

( ) Familiar
( ) Social
( ) Espiritual

Agora escreva o nome de cinco pessoas de seu relacionamento na área escolhida.

_____

_____

_____

_____

_____

Para cada uma dessas pessoas você irá construir a autoavaliação dela segundo a sua percepção. O importante é você dar a nota da forma que percebe cada área de cada uma dessas cinco pessoas. Faça a anotação das notas nas tabelas ao lado.

---

[19] Esse exercício é baseado no livro *Poder das Conexões* e foi idealizado pelo PhD Paulo Vieira e publicado na apostila de Formação em Master Coaching da FEBRACIS, em parceria com a Florida Christian University, sob o nome Gerenciamento de Contágio Social.

Avaliação da pessoa 1, segundo sua percepção.

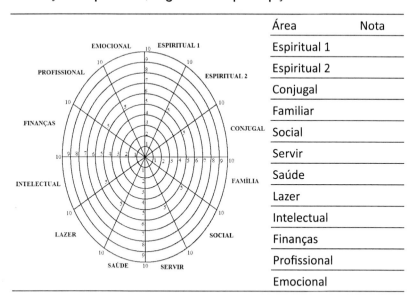

Área	Nota
Espiritual 1	
Espiritual 2	
Conjugal	
Familiar	
Social	
Servir	
Saúde	
Lazer	
Intelectual	
Finanças	
Profissional	
Emocional	

Avaliação da pessoa 2, segundo sua percepção.

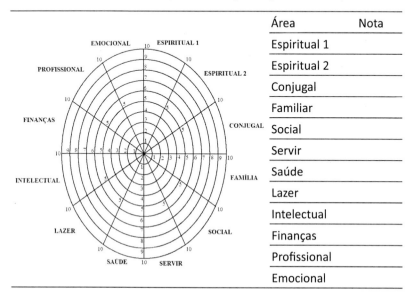

Área	Nota
Espiritual 1	
Espiritual 2	
Conjugal	
Familiar	
Social	
Servir	
Saúde	
Lazer	
Intelectual	
Finanças	
Profissional	
Emocional	

Avaliação da pessoa 3, segundo sua percepção.

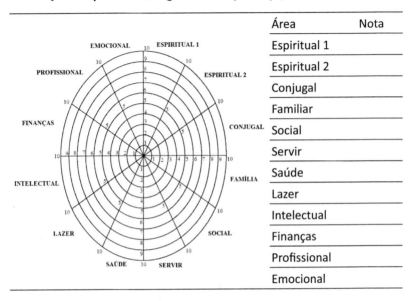

Área	Nota
Espiritual 1	
Espiritual 2	
Conjugal	
Familiar	
Social	
Servir	
Saúde	
Lazer	
Intelectual	
Finanças	
Profissional	
Emocional	

Avaliação da pessoa 4, segundo sua percepção.

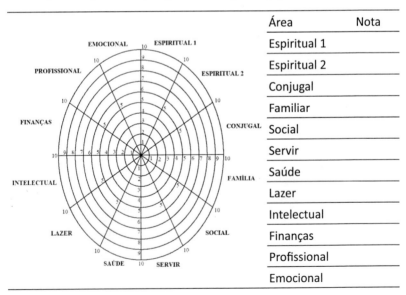

Área	Nota
Espiritual 1	
Espiritual 2	
Conjugal	
Familiar	
Social	
Servir	
Saúde	
Lazer	
Intelectual	
Finanças	
Profissional	
Emocional	

Avaliação da pessoa 5, segundo sua percepção.

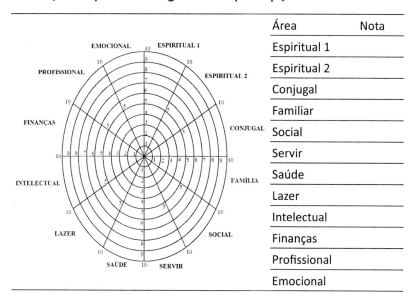

Área	Nota
Espiritual 1	
Espiritual 2	
Conjugal	
Familiar	
Social	
Servir	
Saúde	
Lazer	
Intelectual	
Finanças	
Profissional	
Emocional	

Para completar o exercício, é necessário fazer a média das notas das cinco pessoas. Em cada linha da tabela anote a nota de cada uma dessas pessoas em cada eixo. A seguir, você deve somar as cinco notas e dividir o resultado por cinco para determinar a média. Na última coluna anote as notas que você deu a si mesmo na sua autoavaliação no início dessa sessão.

Área	Nota 1	Nota 2	Nota 3	Nota 4	Nota 5	Média	Sua nota
Espiritual 1							
Espiritual 2							
Conjugal							
Familiar							
Social							

Servir								
Saúde								
Lazer								
Intelectual								
Finanças								
Profissional								
Emocional								

Por fim, compare sua nota com a média em cada pilar.

Na área que escolheu, em que sua média é maior que a do grupo, você tem puxado o grupo para cima e o grupo tem puxado você para baixo. Onde você tem média menor, você tem puxado o grupo para baixo e o grupo tem te puxado para cima. No entanto, é possível que a média do grupo esteja muito parecida com as suas próprias notas, pois se são pessoas do seu relacionamento o contágio social já ocorreu. Nesse caso, em vez de avaliar a média do grupo em relação a sua própria tabela, olhe cada pessoa individualmente. Onde a pessoa tem nota menor que a sua, ela te puxa para baixo por contágio social. Assim, cabe avaliar a necessidade de se alterar a temporalidade e espacialidade em relação a essa pessoa.

Aproveite a análise e escreva nas linhas a seguir duas decisões que farão você ter médias melhores, bem como a sua rede.

Decisão 1

_____

_____

_____

Decisão 2

_____

_____

Agora escreva sete ações que você realizará para oportunizar melhora em sua própria autoavaliação. Lembre-se de colocar a data que realizará cada ação.

Ação 1

_____

_____

Ação 2

_____

_____

Ação 3

_____

_____

Ação 4

_____

_____

Ação 5

_____

_____

Ação 6

_____

_____

Ação 7

_____

_____

12

VIDA ABUNDANTE

*"Eu vim do Pai, e vim ao mundo;
Outra vez eu deixo o mundo,
e vou para o Pai."*

João 16.28

Conversa com o Leitor

ABUNDANTE VIDA

Durante os quarenta anos que o povo hebreu peregrinou no deserto, após a saída do Egito rumo à Terra Prometida, eles conheceram uma abundante vida, mesmo estando no deserto. Lá foram milagrosamente sustentados por Deus. A eles era concedida refeição diária, que era o maná (Êx 16.35), quando tiveram vontade de comer carne, Deus providenciou isso também (Êx 16.13), quando tiveram sede, da rocha saiu água (Êx 17.1-6), seus calçados e vestes não envelheceram (Dt 29.5), dos inimigos foram protegidos; como ocorreu quando faraó perseguiu os hebreus e Deus abriu o Mar Vermelho (Êx 14.9-30) e quando os amalequitas os atacaram (Êx 17.8-13). Até do calor do dia e do frio da noite recebiam livramento através da nuvem que os acompanhavam de dia e da coluna de fogo que os acompanhava à noite (Êx 13.21-22).

Para quem mora num deserto, agravado pela situação emocional que saíram do Egito depois de séculos de escravidão, o povo hebreu conheceu ou não uma abundante vida? É certo que conheceram.

Quando saiu do Egito, esse povo tinha uma promessa, a saber, entrar, conquistar e se estabelecer numa terra da qual manava leite e mel. Há aqui uma diferença notável. Enquanto estavam no deserto, Deus os sustentava para ter uma abundante vida. Na Terra Prometida eles iriam trabalhar para o próprio sustento, mas conheceriam de Deus uma vida abundante.

Faço aqui a diferenciação entre abundante vida e vida abundante. No prólogo mencionei dois processos para trabalhar as áreas disfuncionais na vida do homem. Um deles é trabalhar corpo e alma, algo que você conheceu e certamente obteve grandes resultados pelo processo de *coaching* a que se submeteu ao ler este livro e fazer os exercícios com tanta dedicação. Isso nos traz abundante vida. O outro, que acredito ser o mais eficiente e duradouro, contudo demanda muito mais energia, é o que se inicia em seu próprio espírito interior e afeta sua alma e corpo. Esse processo só pode ser iniciado pela intervenção de Deus na vida do homem. Ele, como criador, sabe exatamente quando, como e em que intensidade deve-se trabalhar em cada área de nossas vidas. Vale a pena. Esse processo tão primoroso nos conduz à vida abundante, ainda que mais difícil, porque devemos submeter nossa vontade, emoção e razão a Ele.

Quando Deus apresentou a Moisés o Tabernáculo deu detalhes de como construí-lo, bem como cada uma das peças que estaria no interior da Tenda do Encontro. O que foi realizado por Moisés foi um modelo do verdadeiro Tabernáculo que está nos céus (Êx 25.40, Hb 8.5). Podemos dizer que o modelo é uma sombra do verdadeiro, assim como cada sacrifício que se fazia na Tenda do Encontro (Hb 10.1).

> *"Porque a lei, tendo a sombra das coisas boas que virão, e não a imagem exata das coisas, não pode nunca, com os mesmos sacrifícios que eram continuamente oferecidos de ano em ano, aperfeiçoar os que se achegam."*

O que tinham no deserto era um Tabernáculo feito por homens, o que Deus queria conceder era os Tabernáculos Eternos. O período no deserto e todos os sacrifícios realizados na Tenda do Encontro, cada festa designada por Deus, como Páscoa, Pentecostes e Iom Kipúr e o próprio Tabernáculo, eram aprendizados para o que Deus reservava para o futuro; era ensino a fim de que sua criação reconhecesse a obra do Messias (ou Cristo) prometido por Ele a Abraão, aquele que viria para estabelecer um Reino de Justiça. A palavra Messias, de origem hebraica, é o mesmo que Cristo, palavra de origem grega, e significam, em português, o Ungido de Deus.

Mais uma vez, todos esses mandamentos, sacrifícios e festas eram sombras, a realidade seria o Cristo (Cl 2.17 - NVI).

> *"Estas coisas são sombras do que haveria de vir; a realidade, porém, encontra-se em Cristo"*

Deus estava dando aos israelitas no deserto a abundante vida e sinalizava a vida abundante. Para entendermos a vida abundante devemos, portanto, verificar o que YWHW ensinou a respeito do Cristo através do Tabernáculo. As festas e os sacrifícios também tipificam o Cristo, mas aqui não farei essa correlação, mostrarei apenas o Cristo revelado na Tenda do Encontro.

VIDA ABUNDANTE

O apóstolo João em seu Evangelho, no capítulo 1, menciona o Messias como o Verbo de Deus, ou Palavra Viva com capacidade criadora (hb. Dabar) de Deus, e que esse Verbo tornou-se carne, se fez homem, ou como se pode transliterar do hebraico, tabernaculou (Jo 1.1,14). A epígrafe do presente capítulo é uma citação que o apóstolo João faz das palavras proferidas pelo Cristo, que Ele veio do Pai para o mundo. Portanto o Messias prometido era celestial. Sendo celestial e sendo homem encarnado, a Arca do Testemunho, bem como as tábuas da Lei da Aliança tipificavam-no. A arca era de ouro e madeira, representando o divino e o humano numa só peça, as tábuas da Lei eram de rocha e continham a Palavra de Deus, ou seja, o Dabar (רבדה). João menciona que esse Cristo chamava-se *Yehoshua*, nome que já demos aqui o significado, *Deus que é nossa salvação*. Em português, seu nome é Jesus.

Como lido no capítulo 10, o véu que separava o Santo Lugar do Santíssimo Lugar falava de justiça, divindade, realeza e sangue. Jesus é justo (1 Jo 2.1), divino e rei (Jo 18.36), e traria seu Sangue para firmar uma nova Aliança com os homens baseada em melhores promessas (Hb 8.6). Além disso, o véu era sustentado por quatro colunas, e o espaço entre elas formavam três possíveis entradas, tipificando Deus Pai, Deus Filho e Deus Espírito Santo.

No capítulo 9 foi descrito o altar de incenso, de madeira coberta de ouro. Madeira fala do homem, ouro fala do que é divino, nessa peça vemos o homem revestido da divindade. Isso tipifica o Cristo, que tem as duas naturezas, verdadeiramente Deus, verdadeiramente homem. Além disso, nele se colocava o incenso para apresentar as orações, e o ministério sacerdotal de Jesus abarca a missão de ser o intercessor dos homens perante o Pai (Hb 7.25b).

No capítulo 8 foi descrito o candeeiro, o menorá. Jesus, como escreveu João, era a Luz dos homens (Jo 1.4) e suas Palavras são a luz que ilumina para a vida abundante (Sl 119.105). As sete lâmpadas do candeeiro tipificam plenitude e perfeição, ou seja, fora do Messias não há outro igual e nem a necessidade de outro que venha ter o mesmo propósito e missão, pois Ele a cumpria de forma perfeita e cabal (Hb 7.25a), a saber, cumprir o ministério da reconciliação que é Deus, por meio do Cristo, reconciliando o homem consigo mesmo (Rm 5.11, 2Co 5.18-19).

No capítulo 7 lemos sobre a mesa dos pães da presença feita de madeira incorruptível com uma coroa de ouro a seu redor (Êx 25.24-25). Jesus é o pão da vida (Jo 6.48) e Sua natureza é perfeita. Coroas eram dadas apenas a reis e sacerdotes, e isso nos mostra que o Messias de Deus acumulava em si mesmo esses dois cargos. Além disso, a mesa tinha quatro argolas de ouro que eram usadas para se colocar as varas que ergueriam a mesa quando era necessário transportá-la. Argola não tem começo nem fim, é símbolo da eternidade do Messias.

No capítulo 6 conhecemos como se estabeleceu a construção da Tenda da Congregação. Mais uma vez temos as tábuas de madeira revestidas de ouro tipificando o Deus encarnado. As cinco colunas na entrada da Tenda formavam quatro passagens para se poder entrar no Santo Lugar. Essas quatro passagens representam os quatro evangelhos que descrevem o Cristo sob diferentes aspectos, a saber: como Rei, conforme Mateus, como Servo, conforme Marcos, como Homem sem pecado, segundo Lucas e, de acordo com João, como Filho de Deus. As cinco colunas representam os cinco ministérios estabelecidos pelo Messias Jesus, a saber, o apostólico, o profético, o evangelístico, o pastoral e o de mestre, ministérios que o próprio Messias exerceu.

Na área externa da Tenda do Encontro, nos locais mais perto dos homens, estavam a pia de bronze, como visto no capítulo 5, e o altar do holocausto, também de bronze, descrito no capítulo 4. Vale recordar que o bronze fala de juízo de Deus, portanto, o altar do holocausto mostra a missão do Messias de vir ao mundo e executar o juízo de Deus e que o reflexo do homem no bronze da pia fazendo-o perceber suas imperfeições ocorria ao se comtemplar, por convivência, com o Cristo perfeito, santo e imaculado de Deus. Era impossível estar diante do Filho de Deus encarnado e não comparar a si mesmo com Ele. A vida de Jesus, suas ações, palavras, integridade, valores e princípios confrontavam o pecado que havia dentro daquele que o ouvia, contudo, sem condená-lo. Mas como isso foi possível? Através de seu sublime amor! A água da pia, que era usada para lavar mãos e pés dos sacerdotes, não machuca, não arranha, não fere. Da mesma forma, as palavras de Jesus lavam o coração do seu ouvinte sem condená-lo, apenas o seu pecado.

Além disso, lembremos que os apelidos das portas do Tabernáculos eram Caminho, Verdade e Vida. Uma vez Jesus disse: *"Eu sou o Caminho, a Verdade e a Vida, ninguém vem ao Pai senão por mim"* (Jo 14.6). Passar pelo Caminho e chegar até à Vida, e entrar no Santíssimo Lugar era algo exclusivo ao Sumo Sacerdote apenas no Dia da Expiação (Iom Kipúr). Por isso Jesus disse que Ele era a porta das ovelhas para que elas encontrassem a vida abundante (Jo 10.10b). O que Jesus estava a dizer era: se você quer ser atraído para se achegar a Deus e ter uma vida plena, abundante, a vida completa que YHWH projetou para você dentro do supremo objetivo dEle, isso ocorrerá apenas por Ele, por mérito dEle e, também, por causa de Seu amor. Mesmo que você não seja um sumo sacerdote, mesmo que você nem seja israelita, não importa, através do Cristo podemos nos achegar ao Pai e ter vida plena.

Você, leitor, neste momento, pode estar se perguntando: como? Até aqui, nessa sessão, falei do Messias divino, usando o sentido de como Deus via o Tabernáculo, ou seja, da parte mais interna onde Ele habitava até a parte mais externa. A seguir, descrevo o Messias como homem, sua missão de vida, desde a porta do Tabernáculo até o Santíssimo Lugar e como isso confere àquele que nEle crê a vida abundante tão desejada por nós.

JESUS, O CORDEIRO DE DEUS

A construção do Tabernáculo e os sacrifícios que nele eram apresentados tinham um propósito divino, que no futuro o povo de Israel reconhecesse Jesus como o Filho de Deus, enviado ao mundo para estabelecer, mediante uma nova aliança, a reconciliação perdida entre os homens e YHWH desde o Jardim do Éden, e que essa reconciliação se estendesse a todo o restante da humanidade.

No dia de apresentar o sacrifício pelo pecado, o sumo sacerdote tomava o cordeiro para imolá-lo diante da porta da Tenda da Congregação. Esse cordeiro deveria ser puro, devidamente aprovado pelos seus observadores como sem defeito e apto para o sacrifício. O pecador que trazia o cordeiro aprovado para o sacrifício colocava as suas mãos sobre a cabeça do animal e, diante do sacerdote, confessava seus pecados. Esse ato era uma identificação da pessoa com o animal, significava que aquele animal seria o substituto do homem, o animal morreria no lugar do homem, isso é o que chamamos de morte vicária (a favor de outro), e morte por substituição (em lugar de outro). O animal imolado seria levado ao altar do holocausto para ser queimado, simbolizando completa consagração a Deus. Contudo, um animal não é um substituto adequado para o homem; não são da mesma espécie, homem e cordeiro são de diferentes valores.

Jesus, no dia em que morreria, apresentou-se diante de Pilatos, Herodes, dos sacerdotes e do povo e ninguém conseguiu apontar nele defeito algum (Lc 23.4,15, Jo 19.4, 1Pe 2.22). Por todos fora examinado, declarado como puro, assim como o cordeiro para o sacrifício, Jesus estava apto a ter uma morte vicária.

Como cordeiro, Jesus foi levado ao altar do holocausto, o madeiro. O altar do holocausto era feito de madeira e revestido de bronze que significa juízo. A cruz era de madeira e lá o Messias recebeu o juízo de Deus sobre si mesmo. Não tendo pecado, quando Jesus estava suspenso na cruz, assumiu a consequência do pecado do homem, a saber, a morte, a condenação ao inferno, não estar mais na presença de Deus. Jesus não tinha do que ser condenado, mas o foi por Deus condenado ao assumir a dívida que o homem tinha para com Deus por causa do seu pecado (Is 53.5-6).

> "Porém, ele foi ferido por nossas transgressões, ele foi esmagado por nossas iniquidades. O castigo de nossa paz estava sobre ele e pelos açoites que o feriram nós somos curados. Todos nós como ovelhas temos nos desviado. Nós temos nos afastado, cada um para seu próprio caminho, e o Senhor tem posto sobre ele a iniquidade de todos nós."

O sangue do cordeiro sacrificado era levado pelo sacerdote para dentro dos santos e, no dia de Iom Kipúr, também para dentro do Santíssimo Lugar. A apresentação do sangue e o aspergir deste sobre o propiciatório tornava o homem coberto diante de Deus, que não mais olhava para o pecado, mas para o sangue. Para Deus, o homem estava coberto do sangue do cordeiro e, então, não se levava mais em conta o pecado confessado por ter havido genuíno arrependimento. Esse sacrifício era realizado vez após vez, pois o sangue de um animal não é da mesma qualidade do sangue de um homem e não podia cobrir o homem para sempre. Era necessário outro Cordeiro (Is 53.7).

> "Ele foi oprimido e ele foi afligido, contudo, ele não abriu a sua boca. Ele é trazido como um cordeiro para o matadouro, e como uma ovelha muda perante os seus tosquiadores está, assim, ele não abriu a sua boca."

Por causa do sacrifício vicário de Cristo, seu sangue derramado passou a ter o mesmo significado que o sangue do cordeiro tinha nos antigos sacrifícios na Tenda do encontro, e sendo sangue de homem e não de um animal, seu sangue, na verdade, é ainda mais valoroso e poderoso do que era o dos cordeiros sacrificados. Como vimos no capítulo 9, era preciso sal, ser santo e puro.

Esse é o caso de Jesus Cristo. Era preciso ser moído. Assim Ele foi (Is 53.5). O sangue do animal <u>cobria</u> o pecado do homem, o sangue de Jesus <u>lava</u> os pecados daqueles que se arrependem e confessam diante dEle suas faltas (Ef 1.7).

> *"Em quem temos a redenção pelo seu sangue,*
> *o perdão dos pecados, segundo as riquezas da*
> *sua graça."*

Além disso, Sua Palavra nos limpa, nos purifica, nos santifica (Jo 15.3). O sangue e a Palavra trabalham juntos. É o significado da pia de bronze em Cristo como cordeiro.

> *"Ora, vós já estais limpos pela palavra que eu vos*
> *tenho falado."*

A tenda vista de fora, com uma cobertura externa sem beleza, falava do Cristo nesse momento do sacrifício, como descreveu o profeta messiânico Isaías (Is 53.2-3).

> *"Porque ele crescerá diante dEle como um renovo, e*
> *como uma raiz que sai de um chão seco. Ele não tem*
> *aparência, nem beleza; e quando nós viermos a vê-lo,*
> *não haverá beleza para que nós devamos desejá-lo.*
> *Ele é desprezado e rejeitado dentre os homens, um*
> *homem de dores e familiarizado com a tristeza. E nós*
> *escondemos dele nossas faces, igualmente. Ele foi*
> *desprezado e nós o tivemos por nada."*

Dentro da Tenda havia a mesa dos pães, símbolo do corpo de Cristo, que se tornou alimento e de seu sangue, que se tornou bebida, não para transformar o homem de fora para dentro, mas de dentro para fora e termos comunhão com Ele (Jo 6.51,55-56). Os quatro pés da mesa simbolizam a jornada de Cristo aqui na terra descrita pelos quatro evangelistas.

> *"Eu sou o pão vivo que desceu do céu; se algum*
> *homem comer desse pão, ele viverá para sempre; e o*
> *pão que eu darei é a minha carne, a qual eu darei pela*
> *vida do mundo.*

> *Porque a minha carne verdadeiramente é comida, e o meu sangue verdadeiramente é bebida. Quem come a minha carne e bebe o meu sangue, permanece em mim, e eu nele."*

E estando em Cristo, estaremos em comunhão entre os cristãos por meio dEle e continuamente seu sangue nos purifica sem necessidade de novo sacrifício (1Jo 1.7). Para isso, continuamos a contar com a luz de Sua Palavra.

> *"Mas se andarmos na luz, assim como ele está na luz, temos comunhão uns com os outros, e o sangue de Jesus Cristo, seu Filho, nos purifica de todo pecado."*

Ao se queimar o incenso no altar de ouro apresentava-se as orações. Incenso fala da intercessão e da adoração devida a YHWH. Jesus orou por nós como registrado pelo apóstolo João, no capítulo 17. Ele é o nosso intercessor (Jo 17.20-21).

> *"E oro não somente por estes, mas também por aqueles que, pela sua palavra, hão de crer em mim; para que todos sejam um, como tu, ó Pai, estás em mim e eu em ti; que também eles sejam um em nós; para que o mundo creia que tu me enviaste."*

Como mencionado no capítulo 9, parte da mistura que formava o incenso era triturado e levado diante da Arca da Aliança. Isso tipifica a vida de sacrifício de Jesus, o Messias, que obedeceu a Deus até a morte e morte de cruz e que esse sacrifício foi aceito como aroma agradável a YHWH.

Apenas o sumo sacerdote podia entrar no Santíssimo Lugar na presença de Deus. Jesus se tornou o Sumo Sacerdote, não um qualquer, mas pela ressurreição, entrou na presença de YHWH, não num Tabernáculo feito por homens, mas no verdadeiro que está no céu. Jesus levou o seu próprio sangue diante do Pai e tornou o homem que nele crê redimido, limpo, justo e santo diante de Deus (Hb 8.1-2).

> *"Ora, de todas as coisas que falamos, eis o resumo: Temos um sumo sacerdote tal, que está assentado à destra do trono da Majestade nos céus. Um ministro do santuário, e do verdadeiro tabernáculo, que o Senhor levantou, e não o homem."*

Uma vez ouvi da Apóstola Valnice um conto que, por sua vez, ela ouviu na época que era missionária em África. Esse conto ilustra muito bem o que lemos nesta sessão.

Em uma família, certo pai tinha dois filhos e na sala havia uma fotografia dos irmãos, mas o filho mais novo não estava mais em casa, num ato de rebeldia foi embora.

Num certo dia o filho mais velho dava uma grande festa, muitas alegrias se apercebiam no ambiente, mas quando o filho mais velho olhou para seu pai, percebeu a tristeza em suas feições e foi falar com ele. Seu pai disse: Estou tão feliz por ti meu filho. Mas seu irmão não está conosco há tempo e não tenho notícias dele.

O filho disse: Papai, quero ver-te alegre. Te prometo, vou procurar meu irmão. Só retornarei quando achá-lo.

Saiu o filho mais velho à procura do irmão e por três anos o buscou sem sucesso.

Entrando em um vilarejo, o povo da comunidade estava toda indo à praça da cidade e ele achegou-se a um morador e perguntou o que ocorria. O morador disse que, por costume da região, aquele que fosse criminoso era enforcado em praça pública e que estavam se dirigindo para lá, pois naquele dia havia um condenado. Indo com o morador ver o ocorrido, para sua surpresa e espanto o condenado era seu irmão.

Iniciou a solenidade com as três perguntas que sempre faziam ao condenado nessa ocasião.

1) Você reconhece seu crime? Ao que o condenado respondeu: Sim.

2) Você tem alguma mensagem a dizer para sua família? Ele disse: Tenho. Há anos saí de casa e tenho um pai e um irmão. Digam a eles que me arrependi. Sei que é muito tarde, mas estou arrependido.

A terceira pergunta era dirigida aos que estavam presentes.

Há alguém aqui que quer morrer no lugar dele? É claro que ninguém faria isso, mas o seu irmão mais velho foi abrindo caminho por entre a multidão e bradou: Eu troco de lugar com ele.

Quando o mais novo viu seu irmão mais velho, não acreditou no que via.

O irmão mais velho disse ao mais novo: Diga ao nosso pai que te encontrei, mas para que você pudesse voltar para casa eu tive que morrer.

O irmão mais novo perdeu os sentidos naquele momento e desmaiou. Quando recobrou os sentidos seu irmão já tinha sido enforcado, ele só pode contemplar seu irmão mais velho ali pendurado.

O irmão mais novo retornou à sua casa e a seu pai. A todos, no aniversário da morte, contava do sacrifício de seu irmão.

Jesus é o nosso irmão mais velho que disse ao Pai: vou buscar o filho rebelde, mas terei de morrer para resgatá-lo.

E para Cristo, como ele avaliou o cumprimento de sua morte vicária? Isaías nos conta como o Messias avaliou seu próprio sacrifício (Is 53.11).

> *"Ele verá o penoso trabalho de sua alma e estará satisfeito. Pelo seu conhecimento meu justo servo justificará muitos, porque ele carregará as iniquidades deles."*

Não sei se você, leitor, já teve a oportunidade de declarar Jesus como seu único e suficiente Senhor e Salvador de sua vida. Reconhecê-lo como Salvador significa declarar que por si mesmo nada poderia ser feito a seu favor para se livrar da condenação da morte eterna. Fazê-lo seu Senhor significa fazer de Jesus o seu dono, aquele que dita as regras e que você é o servo, escravo que obedece às leis estabelecidas por Ele e por elas deve conduzir sua vida com a ajuda do Espírito Santo. Essa operação é no espírito interior do homem e só pode ser realizada pelo Espírito Santo (Jo 3.6).

> *"O que é nascido da carne é carne, e o que é nascido do Espírito é espírito."*

Esse evento é chamado de Novo Nascimento, ou regeneração, isto é, está sendo gerado de novo, dessa vez, não na forma física, mas na espiritual. É mister que se nasça de novo para entrar no reino de Deus (Jo 3.5).

> *"Jesus respondeu: Na verdade, na verdade eu te digo: Se um homem não nascer da água e do Espírito, ele não pode entrar no reino de Deus."*

O apóstolo Paulo nos conta que devemos fazer isso crendo de todo o coração e declarando-o com nossa boca (Rm 10.9-10) e o apóstolo João registra que aquele que assim procede se torna filho de Deus (Jo 1.12) e que não entrará em condenação, mas que já possui a vida eterna e que passou da morte para a vida (Jo 5.24).

Sendo assim, confesse a Jesus de todo o seu coração e receba em sua vida a Vida Abundante de Cristo.

Ore assim:

> *Declaro que creio que Jesus é Senhor e Deus, e que é meu Salvador, e que por meio do Seu sacrifício pagou os meus pecados e que foi condenado em meu lugar. Jesus, te recebo em minha vida e em meu coração confessando agora que sou pecador e que preciso de ti. Lava-me com seu sangue, purifica-me com seu sangue. Declaro agora que a única aliança válida em minha vida é a que formo agora contigo e as que o Senhor aprova. Qualquer aliança que fiz fora da sua vontade, eu as declaro sem valor sobre minha vida.*

A partir de agora, submeto minha vontade, minha mente e meus pensamentos à luz da Tua Palavra, à Tua Lei, à Tua vontade revelada nas Sagradas Escrituras.

Agradeço-te, Senhor, pois a partir de agora, sou filho de Deus, lavado e redimido em Seu sangue.

Amém.

Nada é automático, toda transfiguração realizada pela Palavra em nossas vidas é feita de maneira GRADUAL e CONTÍNUA (Fp 1.6 - ARA).

"Estou plenamente certo de que aquele que começou boa obra em vós há de completá-la até ao Dia de Cristo Jesus."

E ainda, na versão de Wuest, temos 2Co 3:18.

"Enquanto continuamos a contemplar, como em um espelho, a Palavra, somos constantemente transfigurados, num sempre crescente esplendor, de um degrau de glória a outro, na verdadeira imagem do Senhor, pelo Espírito."

Por esse motivo o seu trabalho ainda não acabou. É necessário continuar crescendo. Assim como Jacó se transformou em Israel pela Graça (capítulo 10), o mesmo se dá a todo o filho de Deus que, naturalmente, permite ser moldado pelo Espírito de Deus, pois essa obra de restauração da vida e caráter de Deus em nós não é feita pelo homem, nem podia ser assim, mas por YHWH.

Para contribuir com você, leitor, no anexo do livro há uma roda da autoavaliação que deverá permanecer em branco para que possa, futuramente, tirar cópias, bem como uma tabela para um novo plano de ação. Seria interessante que de dois em dois meses você fizesse a autoavaliação para verificar se algum pilar tem sido deixado de lado. Sempre que desejar, use o que aprendeu neste livro, afinal o processo de *coaching* é contínuo e progressivo, e só depende de você!

Do começo do livro até o capítulo 11 você estava em uma jornada para uma abundante vida. Agora, ao término deste último capítulo, eu o convido a ficar de mãos dadas com Jesus e deixe-O conduzi-lo à vida abundante que somente Ele pode proporcionar.

Boa jornada!

ANEXOS

1. AUTOAVALIAÇÃO

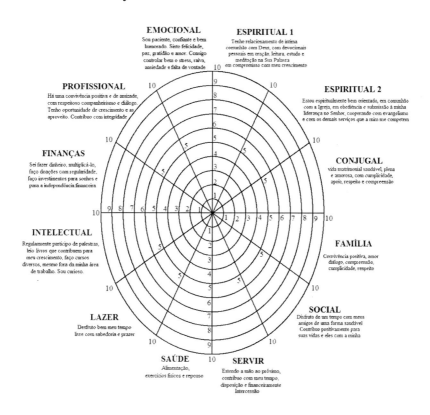

2. PLANO DE AÇÃO

ETAPAS	META						META		
	O que será feito?	Justificativa	Onde será feito?	Quem é o responsável	Como será feito?	Data de início da etapa	Data final da etapa	R$
1						_/_/_	_/_/_	R$
2						_/_/_	_/_/_	R$
3						_/_/_	_/_/_	R$
4						_/_/_	_/_/_	R$
5						_/_/_	_/_/_	R$
6						_/_/_	_/_/_	R$

REFERÊNCIAS

CELESTINO, Silvio. **Origem da Palavra e da profissão de coach**. Disponível em: https://administradores.com.br/noticias/origem-da-palavra-e-da-profissao-de-coach. Acesso em: 29 dez. 2019.

CHRISTAKIS, Nicholas A. FOWLER, James H. **O Poder das Conexões**. 1. ed. Rio de Janeiro: Elsevier Editora, 2010.

CONNER, Kevin J. **Os Segredos do Tabernáculo de Moisés**. 2. ed. Belo Horizonte: Editora Atos, 2015.

COVEY, Stephen R. **Os 7 Hábitos das Pessoas Altamente Eficazes**. 52. ed. Rio de Janeiro: Editora Best Seller, 2014.

CURY, Augusto Jorge. **Ferramentas de Coaching Emocional**. Menthes. 1. ed. (Apostila de Formação em Coaching Emocional). 2018. p. 43-44.

GILBERT, Pr. Floyd Lee. **A Pessoa de Cristo no Tabernáculo**. 2. ed. São José dos Campos: Editora Fiel, 1991.

REIA, Fabio P. **Uma História do Coaching**. Disponível em https://www.academia.edu/20837765/Uma_hist%C3%B3ria_do_coaching. Acesso em: 29 dez. 2019.

TITUS, Devi. **A Experiência da Mesa** – O Segredo Para Criar Relacionamentos Profundos. 1. ed. São Paulo: Editora Mundo Cristão, 2013.

VIEIRA, Paulo. **Formação Internacional em Coaching Integral Sistêmico**. Fortaleza. 2014 (Apostila de Formação Profissional em Coaching da FEBRACIS – Anexo I – item 10 – páginas 157 e 158).

VIEIRA, Paulo. **Master Coaching Integral Sistêmico**. Fortaleza. 2014 (Apostila de Formação em Master Coaching da FEBRACIS – Capítulo 4 – 7º estudo de caso – página 66).

WARREN, Rick. **Uma Vida com Propósito**. (edição expandida). 3. ed. 5. reimp. São Paulo: Editora Vida, 2016.